人生升級的夜間習慣

後藤勇人 著
林佑純 譯

前言

你期望實現理想的人生嗎？

我經常在研討會等場合問到這句話。面對這個問題，幾乎沒有人會回答「不」。每個人都渴望擁有理想的人生，我也不例外。

正因如此，我嘗試了各種不同的做法。而過程中我意識到早晨的重要性，然後蛻變成為現在的自己。

「早晨？」你可能會感到疑惑。是的，就是「早晨」。

晚做自我介紹了，我是早晨成功習慣的專家，後藤勇人。

原本我只是個在鄉下地方美髮沙龍工作的造型師，但現在除了擔任講師，也是一名經營者，以及因「Greco」吉他聞名，達到全球四〇%市占率的富士弦創辦人橫內祐一郎先生的策劃總監，近年也擔任日本世界小姐代表的品牌形象策劃，同時還擔任全球知名四大選美活動之一——「日本小姐選美大賽」於二〇一九年度的職業顧問，前後出版了十二本相關書籍。這些改變，都可以說是有效利用早晨的結果。

那麼，為什麼一位早晨的專家會來寫一本關於夜晚的書呢？

如果你打算闔上這本書，請稍等一下，讓我來解釋背後的原因。

我曾在多次座談會與著作《人生升級的晨間習慣》中，講述到如何利用早晨（不僅限於早起）連帶聽到不少這樣的聲音，例如：

「我知道早上很重要，但我就是起不來，很難付諸實踐。」

「早上我還得照顧家人，有沒有什麼解決辦法？」

「我覺得晚上比早上更能集中精神，感覺夜貓族很吃虧呢！」

「最近晚上有更多自由時間，能像早上那樣有效利用嗎？」

你是否也是如此？

我非常理解這些感受。

確實，有的人明顯是晨型人，但也有些人更傾向夜型人。根據英國的一項研究顯示，這兩種類型的人都取決於體內的基因（時鐘基因）。

再說，我原本也是個超級夜貓子。

經營美髮沙龍、日曬沙龍和公寓租賃公司的同時，我曾經當過十年的酒吧老闆，常到天亮時都還醒著的。朋友們甚至叫我「超夜行性動物」。後來，隨著品牌規劃師的工作成為主要業務，我的生活轉變為晨型，也開始利用早晨時間，但我仍然會刻意安排晚間的一些習慣。

當我在座談會中提到這些夜間習慣時，竟意外受到熱烈好評，甚至有人因此取得不錯的成果。於是，我以「夜活成果專家」的身分，舉辦有關夜間習慣的限定座談會，吸引了許多參加者。我才驚訝地發現，有這麼多人需要這方面的協助。

這次我決定寫這本書，還有一個很大的原因。

那就是時代的重大變遷。

各位可能也聽說過「工作生活平衡」這個詞。

隨著近年對工作生活平衡的重視，以及工作方式改革制度，日本人在夜晚的自由時間增加了兩到三個小時。舉例來說，位於東京市中心的一家大型書店，原本的營業尖峰時段是晚間八點到九點，但在工作方式改革制度推行之後，提前了兩個小時，變成晚間的六點到七點左右。

此外，在新冠疫情肆虐下，為防止感染擴散，遠距工作者明顯增加，回家的時間也提早許多，使人們度過晚間的方式產生相當大的改變。

如何度過這段多出來的夜晚時光，將塑造出你未來的人生。

我以前遇過的成功人士，以及持續累積成果的人們，都有在夜晚堅持的習慣，或刻意安排的晚間活動，巧妙地利用這段時間。由於我認知到晚間時光的重要性，也希望向各位傳達有效活用的方法，因而執筆本書。

書中將介紹成功人士的晚間生活方式，以及我在研討會等場合所分享的夜間時光運用方法中，許多人取得成果的習慣。

其中有不少習慣，都可以在一到五分鐘之內完成。先把容易做到的納入你的夜間生活中。

不需要一口氣實現所有項目。請從能輕鬆做到的事情開始，逐漸增加，在必要時做出適當的選擇。

本書的目標，是為你的人生帶來重大的改變。請利用晚間的時光，掌握能大幅改變生活的晚間習慣。

我們的人生是由每一天累積而成的。如何度過今天，將影響明天和整個人生。那麼，期待在正文中再度與你相見。

二〇二〇年六月

夜活成果專家、品牌規劃師　後藤 勇人

第1章 身心煥然一新的七個處方

CONTENTS

第2章

第3章

第4章 打造豐足社交圈的六個處方

第5章 實現未來夢想的九個處方

第6章

第1章

身心煥然一新的七個處方

處方 1

到家時先說聲「我回來了」

走進家門的時候，你會說聲：「我回來了」嗎？

有家人在的時候應該會這樣說，但如果是一個人生活，或者家人不在家時，很多人可能會省略這句話。一句「我回來了」，不僅是向家人傳達「我到家了」的訊息，還能發揮其他作用。

第一個作用，是對辛苦了一整天的自己表達慰勞和鼓勵。心理學上將這類對自己說話的方式，稱作自我對話。

最典型的例子，就是對自己說：「我沒問題的。」大多數情況下，自我對話會在需要鼓勵自己時發揮作用。而說出「我回來了」這句話，既能發揮安慰自己的作用，也能再度認知到自己的努力。

第二個作用，是將大腦、身心切換成「家庭模式」的開關。

當我們透過話語告訴自己回到家了，就是在向自己的大腦和身心進行確認，並意味著私人時間和休息時間即將開始。

雖然下班後就算私人時間了，但仍有可能因為顧慮外界目光適度包裝自己。真正能夠釋放自我、放鬆大腦和心靈的地方，還是家裡這個私人空間。說聲「我回來了」，如同告訴大腦和心靈「可以放鬆休息了喔」。

在外界公開場合，我們的大腦、心靈和身體，甚至細胞，都會不自覺地努力保持最佳狀態。倘若回到家後無法妥善切換，適時讓自己進入休息狀態，大腦及身心很容易過度疲勞。讓身心的緊張狀態，持續到第二天。

你是否有過因為太累，回家後仍相當亢奮的經驗？以前處理重要工作時，我曾因為精神過度亢奮，回家後仍無法放鬆下來，明明很累卻無法入眠。這樣自然無法消除疲勞，隔天的身心狀態也非常糟糕。

假如平常會用「我回來了」這句話當作切換的開關，便能讓大腦、心靈和身體明白「現在可以進入休息狀態了」，就算經歷過艱難的一天，也能夠好好放鬆了。

一旦養成宣告「我回來了」這個習慣，更能啟動進入私人時間的心理機制，使大腦、身心逐漸釋放緊繃的力量，消除一日累積的疲勞。

夜晚是用來放鬆，並為明天的表現儲備能量的時間。適度切換日間的「活動時間」及夜間的「休息時間」非常重要。

有意識地打造休息時間，活動時才能發揮最佳表現。

用一句「我回來了」開啟屬於你的放鬆時間吧。

處方 2

對著鏡中的自己表達感謝

為了有效利用夜晚時間，有件事非常重要：不要被白天的自己影響。特別是如果一直抱持負面情緒，即使嘗試進行本書介紹的項目，效果也可能會大幅減半，甚至更糟糕。

雖說如此，有時也很難做到隨心所欲切換。這時，最好的方法就是照鏡子。哈佛大學研究指出：「當人們感到煩躁時，照鏡子有助於穩定情緒。」這樣的說法也已經在腦科學上得到證實。

早上出門前，許多人會照鏡子整理儀容，但到了晚上，是否也會照照鏡子呢？在研討會等活動上，我曾多次問到這個問題，結果有約七成女性表示，她們每天晚上都會照鏡子，但多數男性則表示他們幾乎不會照鏡子

（或是可能照了但沒有特別意識到）。

你呢？

那些能持續取得成果的人，無論男性或女性，他們晚上都會經常照鏡子，並和鏡中的自己對話。

對不習慣照鏡子的人來說，可能會覺得刻意花時間照鏡子有些麻煩。

我的建議是，回到家準備洗手的時候，在鏡子前停留一段時間。

洗手前，只需要花上兩到三分鐘看著鏡中的自己，回顧一天之中的不足，或是想想今天發生的好事，最後對自己一整天的努力表達感謝。

舉例來說，你可以這樣做：

首先，對著鏡中努力了一天的自己說聲「辛苦了」。

接著，回顧當天不太理想的行為，想想「下次我會這樣做」等改善方案。這個過程要客觀進行，避免參雜個人情緒。

然後，開始回想今天還不錯的事情，無論是「便當很好吃」或「不用擠電車，途中特別舒服」，任何小事都可以。

最後，稱讚鏡中的自己，例如說聲「今天的你很努力呢」，表達感謝的心情。

重點在於，即使是不順利的一天，也要想到當天發生的好事（如果沒有特別需要反省的點，就不需要刻意找出來）。

如果用反省收尾，很容易陷入負面情緒直至深夜。所以要堅守原則，反省過後立刻回想發生的好事，感受正面情緒，再對自己表示感謝。

沒有人會比自己更了解自己有多努力。
當你感受到自身的認同與感謝，
會更有動力去迎接明天。

透過鏡子面對自我的時刻，如果想在睡前進行，也完全沒問題，但如果你感受到滿心的負面情緒，建議盡量提早進行比較好。

不要帶著負面情緒為一天的努力劃下句點，應該帶著正面情緒來面對，這樣你才能夠輕鬆愉快地享受夜晚時光。

當你認同並感謝自己的努力時，心情會明顯感到輕鬆許多，一天的疲勞和遺憾將被重置，並且能從更客觀的角度審視自己。

此外，看著鏡子感謝自己，也會強化自我肯定感。請好好認同努力的自己，並為此表達感謝。

照鏡子還有許多額外的好處。其中之一就是能保持年輕的樣貌。無論是皺紋、贅肉、鬆弛、表情、眼神、頭髮的狀態……每天都會有所變化。因此，時常面對鏡中的自己，及時注意到任何微小的變化，就可以進行調整和修正。

我因為工作的關係，經常跟模特兒一起工作，發現他們對美具備高度意識，照鏡子的次數也遠多於一般人。這是因為模特兒總是處於被人關注的狀態，需要頻繁確認自己的外貌，隨時進行調整，以保持最佳狀態。

就算每天早上都會照鏡子整理儀容，大多數人的注意力都會集中在服裝和髮型上，容易忽視自己的容貌和狀態。

夜晚跟白天相比，更適合仔細地照照鏡子，留意自己外觀上的變化。當你開始關注自己的外表時，也會更容易贏得他人的信任。

早上匆匆忙忙整理儀容時所看到鏡中的自己，與夜晚寧靜時刻看見的自己，會有相當大的差別。

請好好關注、照顧那個不斷付出努力的自己吧。

處方 3
不順心的日子，重整負面情緒

每個人都會有那種一切順利、完美無缺的日子，但也會遇到做什麼錯什麼、接連遇到麻煩、甚至給公司或他人徒增困擾的糟糕日子。

這樣的日子裡，你可能會自責：「我怎麼這麼沒用？」或因情緒低落而被負面情緒壓垮。然而，不管今天過得如何，明天總會在幾個小時之後到來。如果因此讓明天也成為糟糕的一天，那才真的是令人難以接受。

能持續取得成果的人，即使經歷了糟糕的一天，也絕不會讓這種狀態持續到第二天。因為他們會在當天徹底重置所有的負面情緒。

重置負面情緒的方法如下：

首先，一回到家就換上舒適的服裝（居家服）。然後找一個可以讓自己放鬆下來的地方坐下。接著，回顧過去一整天的經歷。如果你已經在鏡子前回想過今天發生的好事，這邊只要專注於重整負面情緒即可：「為什麼會發生那麼糟糕的情況？」並思考背後可能的原因。

一旦找到原因，就設法找出解決方案，例如採取什麼樣的行動，可能會有比較好的結果。找到解決方案之後，可以在心裡模擬一下，如何以行動來導向正面的結果。

試著讓糟糕的一天，變得沒那麼糟糕。

這樣做的好處是，明確歸納出導致糟糕結果的行動與對策，進而深刻烙印在腦海中，當面臨同樣的狀況時，就能避免重蹈覆轍。

曾指導四萬人以上提升記憶力及活用大腦技巧的小田全宏，在著作《極速記憶》中曾提到：

「我認為，復習的節奏因人而異。但有一個時機絕對不能錯過，那就是在課程剛結束之後。有些人可能會想：『課堂上聽不太懂的地方，回家再復習就好。』但這樣的想法完全是錯誤。在現場大致復習後，發現不懂的地方，就應該立即請教老師。因為課堂上聽不懂的地方，就算之後再復習，也很難真正理解內容。」

工作上若發生問題及錯誤，現實上很難馬上復習，所以要盡快找時間進行回顧。一完成模擬，請徹底忘卻所有的錯誤和麻煩。

既然已經找到錯誤的原因，並且制定出對策，再自責或沮喪也無濟於事，反倒是種浪費時間的行為。人類的大腦傾向於深刻記住不愉快和震驚的經歷。所以如果持續帶著負面情緒，就算藉由模擬導出了正向的做法，也可能因此淡化這方面的印象。

此外，絕對要避免將負面情緒帶進臥室或床上。假如你帶著負面情緒入睡，潛意識會在睡眠中維持這種負面狀態，導致起床後心浮氣躁，帶著負面情緒開始新的一天。在這樣的情況下，很容易再度犯錯，不僅會給周遭的人添麻煩，要是連續失敗好幾天，可能還會讓別人覺得「這個人不太可靠」，失去對你的信任。因此，為了確保腦海中牢牢記住正向的做法，也應該將過去的失誤和麻煩忘得一乾二淨。

處方 4

放下憤怒情緒，打掃心靈

不知道各位有沒有生氣過呢？

相信沒有人會回答沒有吧。

雖然我本身不太容易生氣，但遇到不合理的情況時，不免還是會感到憤怒。

有些知名人士會主張盡量避免產生負面情緒，但人畢竟是情感的動物，沒有必要強迫自己壓抑情緒。

更重要的是，當出現負面情緒時我們該如何處理。

而負面情緒當中，以憤怒的情緒最為棘手。

產生憤怒感的源頭，是一種叫做正腎上腺素的激素。這種激素具有引發動力的功效，因此非常強大。如果過度釋放，即使是本人也可能無法控制，甚至會因此對他人發洩情緒，造成衝突；盡管能成功壓制而沒有表露出來，但一直憋在心裡，也會讓人容易因為一點小事就感到煩躁，無法保持內心平靜，失去原本的自我，因而降低工作效率。因此，學會面對這類負面情緒相當重要。

我認識的一流人士，都十分擅長控制情緒。

無論遇到多麼不合理的事情，他們也完全不會生氣，臉上甚至沒有一點不悅的神情，冷靜的程度令人驚嘆。所以我曾詢問一位熟識的企業家，他究竟是如何控制情緒的？他回答我，他會試著進行「自我肯定宣言（Affirmation）」來「放下憤怒的情緒」。

在他的建議之下，我開始學習這樣處理憤怒情緒：

首先，要理解所有發生在自己身上的事情都是上天的安排，也都是我們自己吸引而來的（一開始可以嘗試實際說出口，當作自我宣言）。然後，坦然接受發生的狀況與自身的情緒。

接下來，原封不動地面對現狀「發生了這件事」、「我出現這樣的感覺」，然後在腦海和內心徹底理解「這樣啊，我接受現在這個狀況了」，並且就此打住（我稱這樣的想法為「放下」）。

這段過程中，沒有必要進行多餘的解釋，比方說「我不應該這樣想」或是「那個人是故意這樣做的」。只需要理解實際發生的狀況就好。

平和地接受所有結果，
即使是與自己不同的意見，也不需要否定，
只要做出當下最好的選擇，等候上天的安排。
通常都能迎來不錯的結果。

原本這種放下憤怒情緒的練習，最適合在早上進行，但若身處喧鬧或忙碌的環境，難免會湧現一些雜念。當憤怒情緒比較強烈，也可能無法一次完全放下。

倘若夜晚能有一段安靜的時光，即使很短暫也沒關係，建議在這段時間補足早上的自我宣言。若是仍帶著怒意，可以一定程度減緩憤怒的情緒，在隔日早上進行自我宣言時，也能夠更容易徹底放下。

不被憤怒情緒左右，才能帶著平穩的心情，以屬於自己的步調，展開新的一天，讓事情進展得更順利。

有時候，我們可能會在不自覺間累積許多憤怒情緒，就像葡萄酒的沉澱物般日漸堆積。

因此，保持定期打掃心靈的習慣，會是個不錯的選擇。

處方
5

用餐前先洗澡，消除身體疲勞

你是習慣在吃晚餐前洗澡的類型嗎？

還是偏好吃完晚餐後才洗澡呢？

你可能會覺得，這也沒什麼大不了的，兩者之間沒什麼差別。

不過，其實這是個十分重要的生活習慣。

在我周遭，能持續獲得優秀成果的人們，當晚上沒有安排聚餐等活動，放鬆地待在家時，他們通常會選擇在晚餐前洗澡，並盡量泡澡一段時間，而不是簡單淋浴。這背後有兩個主要的原因：

第一個原因，先洗澡有助於放鬆一整天處於「開機狀態」的身體。

當人們需要與他人會面、出席工作等社交場合，往往會不自覺地繃緊身體，有時還會因為過度緊張，使肌肉呈現僵硬狀態。由於這是無意識間的行為，大部分人不會察覺到這一點。到了休息時間，如果還是無法放鬆肌肉，就很難由內而外徹底消除疲勞。

一旦疲勞解除，身體就能恢復原本的感知能力，也能提升夜間活動的成效。

第二個原因，則是方便控制體型。

我個人也習慣晚餐前先洗澡，並在洗澡前後測量體重，觀察是否有明顯的增減，再照照全身鏡檢查自己的體型。根據這些結果，我會決定晚餐的分量，甚至是小酌的酒量。因為在一天三餐當中，晚餐對體型的影響最為明顯。

假如體重超過理想值，我會減少晚餐的分量或控制飲酒量。有時還會稍微拉長泡澡時間（有時光是這麼做，體重就能減輕將近一公斤）。

相反地，如果體重低於理想值，我會稍微吃多一些以維持體重，或是允許自己多喝一些酒。

自從養成洗澡前後檢查體重的習慣，我發現自己就不再需要特別減肥了。之前也曾經因為發現體重突然暴增，而慌慌張張地節食減肥，現在只需要像這樣每晚稱稱體重，就能夠輕鬆控制。

每天測量體重，聽起來可能有些麻煩，但在生活中要刻意減肥，其實是更困難的一件事。更重要的是，我們終於不必將人生中有限的寶貴時間浪費在減肥這件事上。

我如此重視身材的原因，其實非常簡單。

你是否曾經有過這樣的經驗？有時意外遇到憧憬已久的「某個人」，想走過去跟對方交談，卻因為對方身邊都是一些外貌出眾的人，而感到猶豫不前。

很多時候，當我們對自己的身體沒有自信時，在想法和行動上也會比較消極。

對自己的身體缺乏自信，會成為行動的阻礙，導致人們錯失重要機會。

當我們對自己的外觀有足夠的自信，會更加坦然地表現自己。所以我們應該追求的是從臉部、表情，以至於整體都令自己真正感到滿意的體型。

為了維持這樣的最佳狀態，每晚測量體重是十分具體且有效的方法。

處方
6

保養鞋子，想像成功的明天

有能力的人，往往會特別留意自己鞋子的狀態。

換句話說，成功人士會時常注意自己的鞋面是否整齊、乾淨。專業飯店服務人員或空服人員，也常根據鞋子的乾淨程度來判斷顧客的類型。我曾聽一位原本擔任空服員的朋友提到過，乘坐頭等艙的客戶，他們的鞋子大多特別乾淨。

為什麼有能力的人，會特別留意鞋面是否整潔呢？

這不僅是為了維持基本的儀容禮節，也是為了表現對他人的尊重。還有另外一點，就是提升自己在他人眼中的評價。

要達成某些事情，就必須要相信自己的力量。能取得一定成績的人，通常也具備高度的自我評價。他們知道「相信自己做得到」的想法，會吸引正向的結果。

當穿上擦得乾乾淨淨的鞋子時，你會覺得「我值得穿上一雙好鞋」，進而提升對自我的評價。

我認識一位擁有八百名員工的公司總裁，他從年輕時就非常注重對鞋子的保養。

當他還是尚未累積財富的青年，就很用心保養鞋子。只為了每次穿上鞋子時，都意識到自己值得穿這麼乾淨、整潔的好鞋。

正是因為在自我認知中，自己必須是個配得上好鞋的人，所以他一直保持著適當且相應的行為，並因此抓住了成功的機會。

也就是說，他為自己貼上「配得上這雙鞋的人」的標籤，並在潛意識中自我控管，以符合自我期許的形象。

最理想的擦鞋時間，是洗澡和吃過晚餐之後。

在晚間最沉靜、安穩的狀態下擦鞋，有助於放鬆心情，同時進行明天成功順遂的意象訓練，藉此提升自我評價和自信心。

雖然也有些人認為早上擦鞋會比較好，但如果在出門前匆匆忙忙地進行，效果就不會像晚上那麼顯著。

所以不妨在晚上花些時間，一邊想像明天的計畫順利進行的樣子，一邊擦鞋。如果是談判交涉的場合，就想像成功的場景，假如要開會，就想像自己提出有益的發言，要是有安排與某人會面，就想像眾人愉快談話的時刻。

無論有沒有自信，都要在腦海中對自己說，明天會一切順利。

想像的力量極為強大。

當你想像自己成功的模樣，大腦會將那些場景視作現實，並將其轉化為成功經驗記憶下來。透過想像許多成功的情景，可以為自己創造成功體驗，成為自信的來源。

請從今天開始實踐看看吧。

處方 7

回顧今天做的決定，盤點成果

所有行動的最初，都來自某個決定。絕大多數人每天都需要做出許多決定。

做決定、由此採取行動、產生結果，這些都推動了今天的發展，創造出屬於明天的未來。這也表示，今天做出的決定，能否轉化為實際行動，將大幅影響明天及未來的變化。

成功人士對於自己所做的決定，就算多少會調整時機，也會設法轉化成實際行動。因此，他們能夠穩固地打造明天與未來，並延續至具體的成效。

反之，那些事事不順的人口中，往往可以得知有不少人雖然做出了決定，卻無法付諸行動，因而得不到相應的結果，有些人甚至會忘記要採取實際行動。

再好的決定，如果沒有付諸行動，等於什麼也沒想過。

回顧一整天所做的決定，我們可以避免「已經做出決定，卻無法實際採取行動」的情況發生。

我的一位女性客戶，決定每天在社群網站上分享自己的行動，並且真的實際執行。

她每天都會尋找適合發文的內容，決定如何撰寫並整理出來。雖然剛開始，經常無法按照預定來執行，不過自從養成這項習慣之後，她幾乎都能保持每天發文的頻率，內容也變得越來越充實。結果，她在網路上的知名度大增，吸引許多有共鳴的人，甚至透過社群網站獲得部分客戶。

這個習慣的流程其實非常簡單。

首先，要回想今天一整天你所做的決定。

只在心裡稍微回想一下也可以，但一開始為了避免遺漏，最好明確地寫下來以便確認。

不過，請務必排除掉過程中的枝微末節。

根據劍橋大學臨床心理學教授芭芭拉．薩哈基安（Barbara Sahakian）的研究，人每天最多可做出三萬五千次的決定。因此，如果詳細寫出每一項決定，重要的事情可能會被覆蓋過去，所以只需要列出優先順序高，以及與重要結果相關的決定。

寫完之後，依序檢視每一項決定，對照是否實際採取了行動。

舉例來說，假設你早上決定「今天要寫出五十頁的稿子」。

要是完成了，就好好稱讚自己，並且在這個項目劃上雙重圈圈◎。

假如沒有完成，則設法找出無法達成的原因。

一旦找出原因，接著進一步思考如果再度做出相同決定時，該如何避免重蹈覆轍，要採取什麼樣的方法。探討為什麼會發生這種狀況，深入分析其背後的原因。

而且，原因可能不止一個。

以我本身的經驗為例，當寫稿的進度遲遲沒有進展，可能是因為沒有安排好寫作時間，或是即使安排了寫作時間，卻因為欠缺動力而過度懶散……要將所有可能的理由、原因都一一記錄下來。

當有複數的原因時，務必針對每個原因尋找解決方案。

倘若能寫作的時間明顯不足，則問問自己「為什麼沒辦法安排出時間？」以及「要怎麼為自己創造出寫作時間？」然後考慮活用閒暇時段，或者減少上網閒逛等方法做為解決方案。

如果原因是無法維持寫作動力，例如因為電視的聲音分心，或是不自覺會想去收信而無法集中注意力，就應該找出發生這些狀況的原因，並明確設定寫作跟看電視的時間，以及考慮錄影等相關對策。

有些人可能已經採取實際行動，卻未見成效。這種情況下，有可能是在自己沒有察覺到的地方，存在著某些阻礙。

這種時候，對於能夠實現的決定，也應該追溯其原因。

透過回顧過去的決定，不僅可以發現自己哪些事情沒有達成，也能清楚知道無法達成的原因，如此一來，下次做決定時會更準確地採取行動，並大幅提升成果的質與量。

畢竟，成果是源自於行動。日常做出的決定是否能夠轉化為行動，是極為重要的關鍵。

對於難以獲取實際成果的人來說，重新檢視「決定」與「行動」間的關聯，將有助於控制成果的品質。

排定優先順序的方法

決定項目	是否已採取行動	達成或未達成的原因、理由	對策
❶完成50頁的稿子	◎	已完成	
❷完成新專案的企劃書	△	進行到一半 因緊急會議無法撥出時間	預計在後天上午完成
❸學習市場行銷	×	未進行 因疲憊而無心學習	安排在下週進行
❹在社群網站上發文	◎	已完成	

第2章

預演隔日成功的七個處方

處方 1

清空公事包，整頓物品

無論是什麼物品，想要長期使用，都必須進行適當的維護和保養。

即使是花費數千萬購買的高級手錶，假如沒有適當保養，當指針停止運轉時，也只是一塊毫無用處的廢鐵；即使是只值幾百元的手錶，只要定期更換電池並能持續運轉，實用價值就遠超越前者。

再怎麼優秀、實用的物品，倘若沒有適當保養，性能都會下降。

能持續獲得成果的人，不但會好好保養自己，也不會忽視對日常用品的保養。他們知道，就算自己的狀態再好，假如在需要表現時使用的道具（工具）狀況不佳，也無法達到良好的成效。

手錶、鋼筆、電腦等，這些都是你的助手，當這些助手發揮良好效能，才能幫助你達到最佳表現。

一位持續成長的企業家友人告訴我，每天晚上回家之後，他都會將公事包裡的物品全部取出，徹底清空。然後逐一檢查，確保筆的墨水流暢、電腦能順利開機等，以避免緊急時刻發生任何意外。

檢查完畢後，他會將第二天要用到的物品整理好，放回公事包，讓隔天需要時能快速取用。同時也會檢查包包的狀態，這樣就算完成了對公事包的保養工作。

為什麼要特別將公事包清空呢？這是為了確保每天都能舒適地進行工作。如果一直將慣用的物品放在包包裡，時間久了東西會越積越多、雜亂無章。這麼一來，每次打開包包都要花時間尋找物品，除了令人煩躁，也會對行動和心態產生負面的影響。

生活中最浪費時間的事情，莫過於找東西的時間了，所以我們要盡可能減少這類狀況發生。

我也會每天晚上清空公事包並進行保養，加上自己的工作跨足多項領域，為了防止資料混淆，我會選用透明或網狀的收納袋及文件夾等用品，以便清楚掌握每件物品的位置，直接拿出近期不會用到的東西。

這麼做不僅可以節省尋找物品的時間，也比較不會忘記攜帶重要物品。此外，還能避免洩漏重要文件資訊。假如原本要給A公司的文件不小心讓B公司的相關人士看到，極可能造成無法挽回的後果。看到文件的人可能也會懷疑：「我們公司的文件，是不是也會這樣隨便被別人看見？」因而失去對你的信任。況且若文件明明在公事包裡卻找不到，或看起來皺巴巴的，也會令對方感到失望。如果在前一天晚上整理好，就能大致掌握物品的位置，避免這類情況發生。

將公事包內整理得井然有序，
肯定會帶來對你有利的結果。

乾淨整齊的地方，會呈現正向的氣場。

帶著經過妥善保養的公事包，就像身邊總有好運氣伴隨。

我還會把公事包當作護身符來使用。為了保護自己不受負面能量影響，我會將粗鹽裝在一個小袋子裡放在包包內。

為了確保自己能發揮最佳表現，讓公事包也成為你強大的助手吧。

處方 2

腦中搶先預演隔日流程

「沒想到會變成這樣……。」

「早知道就該這麼做了。」

犯下錯誤或遇到問題時，你可能曾有過這樣的想法。

然而，正如俗話說的「事後諸葛」，一旦事情已經發生，再後悔也難以挽回。

犯錯或出現問題的大多數原因，都是出乎意料的事情。

換句話說，重點要放在盡可能減少不可預期的情況發生。

能持續取得成果的人，都會先確認隔日行程，不僅針對單項計畫，也會在腦海中模擬一天的流程。

例如要穿哪套衣服、幾點出門，假如需要外出，幾點要離開辦公室、搭乘什麼交通工具、在哪裡進行會談、回公司後預計跟朋友見面……所有行程都會詳實計畫，並事先查詢電車或公車等大眾交通工具的時刻表。

提前在潛意識中體驗成功，能減少預料外的情況發生。

實際上，這種做法確實更有可能獲得成功。

在心理學領域，也強調了意象訓練的重要性。

人們只要透過想像成功經驗，大腦就會將其視為實際的成功體驗記錄下來，並且試圖實現。這也是運動選手特別重視意象訓練的原因。

近年備受矚目的「預先祝福（提前慶祝）」習俗（編按：據說是日本傳統習俗，藉由提前祝福、慶祝，來吸引好的結果）也是同樣道理。

充分預想成功的到來，可說是獲取成果的重點策略之一。

如果有重要的簡報或會談，除了檢查資料內容和進行詳盡的模擬，也要做好回答問題的準備，並在腦海中想像成功的場景。

即使是十分熟悉的資料，也要徹底檢查每個細節。這麼做能夠預測可能會被問到的問題，以及對方的反應。甚至在現場發生意料之外的情況時，也比較能夠從容應對。

有重要工作的前一晚，我也會先進行腦中模擬，但偶爾會因為聚餐等活動無法進行，這時我才發現，能否預先進行模擬，會大幅影響我的表現。

例如，在顧問相關工作中，如果前一天有進行模擬，我就比較能迅速且適當地回答對方的問題；但在沒有事先模擬的日子裡，就需要花更多時間理解對方說的內容，有時甚至連回答的速度也會變慢。

如果你面前出現一位回答迅速且準確的人，以及另一位反應偏慢且不善應對的人，你會優先跟哪一方合作？又比較信任哪一方？

答案可說是顯而易見。

提前預想隔天的計畫，不僅能讓心態更加從容，也能為工作夥伴帶來安心感。

處方3

以郵件來為會面做彩排

這是幾年前的事情了，我收到一封初次與我相約見面的人，在約定日的前一晚發來的電子郵件。

「後藤勇人先生：

您好，我是明天將與您會面的○○。

非常感謝您在百忙之中抽空與我見面。

一想到明天的會面，就感到非常期待。

明天希望能跟您討論關於品牌塑造，以及與後藤先生在業務上的相關合作案。如果時間上允許，也非常希望能聊聊您的著作。

明天我將於○○點抵達△△。到達後，將會先以電話聯繫。我的聯絡電話是○九○－×××－××××。

還請多多指教，

衷心期待明天與您的會面。」

約定見面的前一晚收到這樣充滿心意的郵件，不僅能讓人產生好感，從郵件的內容也讓我感受到，這位合作對象是一位可靠且值得信賴的人士。他在信件中簡潔提到了對於會面的期待與感謝，以及想討論的主題和重點。這讓我更加期待明天的行程。

在會面前一天發送電子郵件，不僅能達到確認約定的效果，也能營造見面會面氣氛。

特別是對於初次見面、許久未見面的人或很久前約定好的對象，最好記得在前一晚寄出一封確認約定內容的郵件，並表達自己期待會面的心情。

這樣能使對方備感貼心，並對你產生好印象，讓對方在見面前就抱持著積極正面的感受。

雖然發送郵件的時間也可以選在白天，但因為多數人白天都比較忙碌，可能沒有多少時間細讀每封郵件。建議的做法是，刻意選在入夜後不久時寄出，對方更有可能以比較放鬆的心情閱讀郵件，並注意到隔天與你的會面時間。

能展現出這樣的用心，

是一種極大的優勢，也能加速自身的進步與成功。

確認會面的郵件不需要篇幅過長，也不用花太多時間去斟酌用詞。簡潔且涵蓋重點的內容，會更容易讓人留下好印象。

可以事先準備幾種不同的範本，根據不同情況來選擇、活用，用最輕鬆簡單的方式給予對方好印象。

處方 4

根據與會對象調整儀容

由於工作的關係，我經常會與創業家和自由業者見面。其中不乏非常擅長穿搭的人，這對從事美容相關工作的我來說，是一件特別值得高興的事，能在見面時就近觀察對方的穿著打扮，並將其視為學習機會。

結果，我發現那些不斷成長、持續獲得成果的人，與難以取得成功的人之間，有個截然不同的關鍵。

那就是，穿著得體的人容易爭取到更多機會。

適當的裝扮能為對方帶來安心感。相反地，如果儀容不整，就會給人留下不太可靠的印象，讓人不禁心想：「這個人真的沒問題嗎？」因而在初次見面時錯失良機。

商場上的好人緣能帶來機會。我自己就有很多新的工作機會，來自別人的引薦或由我居中牽線。

我從中發現，那些不擅長打理自己儀容的人，很少爭取到被人引薦的機會。即使工作能力再強，如果引薦給別人的對象儀容不整，很可能會讓被介紹的那方感覺受到輕視或不悅，甚至間接對介紹人產生不信任感。我們當然會想避免讓重要的對象出現這種感受。

整理儀容，意味著「自我整頓」，是為了不讓接觸的對象感到不快（給人留下好印象），而細心打理自己的外表。

整理自我儀容既是表現對他人的尊重，
也是為拓展自身可能性的準備工作。

選擇服裝來展現自己固然重要，但他人看在眼裡如何解讀，則是他們的自由。你在穿著打扮上想呈現出的感覺，不一定會符合別人的想法。

我個人就有過類似的經驗。朋友邀請參加私人派對時，我穿了牛仔褲搭配一件新的印花襯衫，結果到了現場，才發現大多數人都身著西裝和領帶。當時有位與我工作相關領域的頂尖人物也在場，朋友介紹而有機會跟他打招呼，但對方明顯對我的裝扮有些疑惑。結果，我們現場聊得並不投機。沒有事先確認是什麼「場合」再選擇服裝，令我深感懊悔。

「打扮」跟「儀容」截然不同。

整理儀容時，最需要特別關注的是「整潔感」。

如果某位第一次見面的人，穿著皺巴巴、下襬鬆弛、線頭外露的襯衫，頭髮也沒整理好，你會怎麼想？至少不會認為這個人很乾淨吧。就算那襯衫看起來剛洗過，頭髮也抓得蓬鬆時尚，倘若對方感覺不到，一切都將毫無意義。

先不論是否乾淨，更重要的是「能否給人整體的整潔感」。

輕忽頭髮、鬍鬚、眉毛、耳毛和鼻毛的護理，或者肌膚、指甲的髒污、衣服的污漬和破損……即使看起來都是些微不足道的小地方，但很容易帶給人負面印象，例如「不愛乾淨」、「邋遢」……諸如此類。就算只出現過一次，那種「也許下次他還會這樣……」的負面形象會一直深植人心，想重新取得信任是非常困難的一件事。

因此，透過每晚的檢查，可以有效避免疏忽大意，保持最基本的儀容整潔。建議根據隔天要見面的人和行動內容來準備恰當的服裝，並盡可能試穿過一次。假如有兩個以上的會面行程，不妨針對重要程度高的那方來進行準備。

穿上準備好的衣服，想像自己完成明天行程的模樣。

只需要想像在哪裡，會跟誰怎麼樣見面的狀況就夠了。這樣做的過程中，說不定就會察覺到：「那個人總是穿得滿華麗的，我這身衣服太普通了。」或是：「明天相約的地方，記得也是客戶〇〇常去的地方。考慮到可能在偶然間巧遇，還是別穿得太休閒比較好吧。」之類的想法。出現這類感覺時，就應該果斷換一套服裝。

要是早上出門前才換上衣服，感覺哪裡不太合身或發現扣子掉了，還得匆匆忙忙地換一套，也很難保持原有的最佳狀態。

只有在沉澱下來的夜晚，才能做好這些準備。

沒有安排會面的日子，你可能會覺得可以穿得隨興一點。但，沒有計畫也意味著你可以靈活安排行程。這種時候，最好選擇一套即使面對突然的邀約也不會失禮的整身西裝或西裝外套。

這是我一位朋友的真實案例，她某天受邀參加一位她十分敬仰的頂尖企業家的晚宴，卻因為那天沒有特別的計畫，所以穿著極為休閒的棉質連身裙，而晚宴的地點恰巧是一間有著裝要求的餐廳。於是她只好遺憾地拒絕了邀請，至今仍沒有機會當面見到那位企業家。她多次向我表示：「如果那天我穿得再體面一點就好了。」

機會總會在不知何時何地出現。

為了確實掌握每一次的機會，請務必慎選最適合自己的服裝。

處方
5

不時來場一個人的時裝秀

成功人士很清楚「自己現在的優點」在哪裡。

他們會客觀評估自己的能力和市場需求，努力展現自己的「優勢」，在外觀方面也是如此。

我認識一位總是打扮得很得體的女性企業家，之前曾經問她：「為什麼看起來總是那麼優雅？」她稍微沉思之後回答：「或許是因為，我總是努力讓穿搭適合『現在的自己』。」

我曾聽一位從事時尚業界的人提到：「人每一天都會產生變化，但大多數人還是喜歡穿『以前合適』的衣服。」

即使是看起來非常年輕的人，三十歲時適合的顏色，跟五十歲時適合的顏色不會一樣。除了年齡導致肌膚光澤有所變化，還包括職位醞釀出的氛圍等，儘管本質不變，其實許多方面都已改變了。

然而，許多人出自「以前很適合」＝「安心」的想法，常會選擇對自己來說最安全的服裝。有些人甚至會停留在過去最輝煌（或自以為最輝煌）的時期，堅持「自己跟年輕時沒有不一樣」，不願改變服裝或髮型。

如果一個人從事的是隨著時代變遷的創新工作，
但打扮卻停留在過去，
這樣也很難稱得上是個有魅力的人。

你不需要刻意追求新潮的打扮，但如果在選擇穿著時沒有考慮到「現在的優點」，等於是抹殺了自己的亮點。

能襯托出「自己現在的優點」的服裝，是在展現自我風格上不可或缺的強大助力，因此還請謹慎選擇。

每當我購買新外套或衣服，準備參加新的社交聚會、派對等活動，或者覺得新買的服裝有點難穿搭的時候，我會站在一面大型全身鏡前，舉辦一場個人時裝秀，尋找新衣服的穿搭靈感。

首先，我會決定希望給對方留下什麼樣的印象。

如果企圖展現俐落的形象，比起單件服裝出色與否，我更重視整體的造型和色彩平衡（盡量避免將太多顏色混搭在一起，維持色調統一）。

人們通常特別重視來自視覺的訊息，即使你談話的內容十分豐富，如果在穿著上不合適，那種形象將深深留在對方腦海中，成為他們對你的刻板印象。

因此，是否進行這個步驟，會大幅影響你給對方帶來的印象。

在夜晚寧靜的時光裡，獨自進行一場個人時裝秀，不僅能進行各種嘗試，還能發掘許多美好的穿搭方式。當你找到完美的搭配時，心情也會特別愉快。透過個人時裝秀，不但能提升穿搭技巧，就算時間緊迫時匆忙選擇服裝，也能符合你想要的形象。

外觀是內在最外層的展現。

想打造提升自我評價的穿著，不妨先養成夜晚調整日常穿搭的習慣。

處方 6

善用四字成語調節心情

你有喜歡的四字成語嗎？

四字成語就是由四個文字組合而成，來表達某項意義的詞彙。

相撲力士晉升大關或橫綱級時，也常使用四字成語來表達自我決心。應該有不少人曾在電視或報紙上看過類似的場面。

平成時代的大橫綱貴乃花，晉升大關時選用的是「不屈不撓」，橫綱時則是「不惜身命」。

「不屈不撓」意味著「擁有突破一切困境的精神」，「不惜身命」則是「為求精進奮不顧身」（編按：這個詞語原本出自《法華經》，代表追求佛法的決心）的意思。

四字成語大多源自佛教教義、日本和中國的偉人，以及權威的博識人物基於自身經驗和學問所創，至今傳承下來，其中囊括了人們應學習的事物和存在方式。在漫長的人生道路上面對挑戰或感到迷茫時，這些成語常成為人們心靈的依靠及指引。

事實上，不只是相撲力士，許多成功的企業家、運動員、文化人等在各領域收穫成功的人士，也會將四字成語設定成座右銘。

我自己就有三個最喜歡的四字成語：安身立命、主一無適、恬退緩靜（編按：恬退一詞出自《舊唐書》，意為淡泊謙讓。而恬退緩靜一詞則為日本明治維新精神領袖吉田松陰首創，用以勉勵想要成就大業之人）。

「安身立命」意為「心安理得、修身養性以奉天命」，換句話說，就是認為眼前發生的一切，都是自己吸引而來的必然。不對此過度悲喜，專注於實現目標，並重複這樣的行動模式，在過程中盡己所能，其餘就交給命運來安排。

「主一無適」指的是「選擇專注在一件事情上」，也就是說，當我們進行某件事時，如果行動或思考散亂，無法專注於單一項目，終將難以成功，這是我在遭遇到挑戰時會想到的詞語。

「恬退緩靜」則是「平和、不爭執、悠然自得」的意思，即使與人對立爭吵，也無法帶來任何好的結果，這個成語表達出避免無謂爭端，維持內心平和的重要性。

這三句成語是我現在的座右銘和心靈指標。我在房間的牆壁貼上寫有這三句成語的紙，每晚花一分鐘凝視它們，確認自己的想法和行動是否有所偏離，隨時整理心情。

當然，要找到適合自己的座右銘，並不容易。建議可以先找一個現在的你「憧憬」的四字成語，晚上多看幾眼。

選擇一個讓你覺得「明天我想成為這樣的人」的成語，光是簡單凝視著，就能夠整頓心情，將明天視作嶄新的一天。

有意識地挪出時間來整理心情、面向未來，
可以幫助我們從日常生活的迷茫之中，
尋回原本的自己。

這是一個推薦用以保持「平常心」的日常習慣。

處方 7

好好款待自己

對於每天都很努力的自己，也該偶爾給予一些獎勵。

不少女性會以「對自己好一點」為由，偶爾購買高級一點的甜點或去沙龍放鬆一下。這種「對自己好一點」的作為，對人們來說其實是格外有效及有益的。

由於工作的關係，我以前也會定期前往美容沙龍。在接受全身油壓和美容按摩的過程中，我為世界上竟存在著如此愜意的享受感到驚訝，感嘆原來世間的女性就是會定期用這樣的方式，來犒賞自己的身心。

當然，一方面是來自身體感受到的舒適，另一方面則是由專業人士進行身體保養時所帶來無可比擬的奢華感，感覺自己的身體受到了特別的款待，心靈也因此獲得滿足。我這才了解到，女性之所以喜歡去沙龍等場所，把自己打理得漂漂亮亮，不僅是為了保養自己的外在美，更是因為這能有效提升自我肯定感。

從那之後，每當我因為諮詢或研討會等工作，而住宿在東京的酒店時，都會將身體護理療程當作給自己的犒賞，以及對身體的保養。這樣做不但能有效消除疲勞，身體也會感到煥然一新，為第二天帶來充足的活力，進而發揮更優秀的表現。

此外，當時間夠充裕時，去泡個溫泉、前往被綠意所包圍或富含負離子的自然環境中，也都是不錯的選擇。能讓自己的身心靈獲得釋放。

只有當自己的身心被妥善照料之後，才能散發出屬於自己的光彩。

無論外表再怎麼用心打扮，如果做為主體的身體感到疲憊，就無法煥發光芒。即使再怎麼用意志力來掩飾，如果外表透露出疲憊感，就會被他人所察覺。

當身心都獲得充分的滿足時，你便能充分展現出天生的魅力，自然在工作上也能做出成果。

人的大腦，會因為有獎勵而更願意去努力。

假如認為自己值得被好好犒賞，就能有效提升自我肯定感。

所以，請定期做點什麼，對自己好一點吧。

在家犒賞自己也很不錯，但重要的是那股儀式感，所以也可以稍微努力一點點，在外給自己更好的獎勵。

身體將因此發揮出更大的潛力，為你帶來出色的表現。

第3章

創造全新發想的九個處方

處方1

聆聽療癒心靈的音樂

當你覺得靈感難以湧現時，可能代表你的大腦已經累積了不少疲勞。

我們每天都面對著資訊洪流，從你早上醒來到晚上睡覺的那一刻，都不斷盯著手機螢幕看，或在公司整天使用電腦，即使只是一如既往地過生活，也會對大腦造成相當大的負擔。

過度用腦的結果，自然會讓大腦感到疲勞，甚至難以正常運作。

另一方面，受到大腦作用影響的自律神經系統也可能出現障礙。

自律神經控制著我們體內的生命維持機能，全天候二十四小時自發性運作。白天身體頻繁活動時，交感神經活絡，而夜晚休息時則由副交感神經主導，當兩者正常交替運作，便能同步維持心理上的平衡。

然而，許多上班族由於過度用腦，在本應由副交感神經主導的時段，交感神經仍然處於活躍狀態，也意味著他們處於「持續開機狀態」。

這麼一來，大腦和心理會感到疲憊不堪，自然無法湧現出新的想法。

因此，需要適時進行安排，讓副交感神經正常接管主導權。

強制切換，讓副交感神經活絡運作的方法之一，就是聆聽具有療癒效果的音樂。這種類型的音樂，能夠促使腦波中的阿爾法波（α波）進入活躍狀態。

阿爾法波有許多不同的效果。包括有助於放鬆緊繃的身心靈，減輕壓力，平衡自律神經。近年的研究結果也顯示，它還具有提升免疫力，預防疾病的功效。

在睡前大約一個小時之內聆聽療癒音樂，可以幫助你切換至副交感神經活絡的狀態，減輕在白天累積的壓力，更容易讓自己放鬆下來。

讓心靈及大腦獲得療癒的力量，以引導你進入健康的睡眠狀態。

日本睡眠評價研究機構的代表白川修一郎博士曾表示：

「大腦是人體中，最容易受到睡眠不足影響的器官，睡眠品質低落，會導致記憶力和邏輯思考能力等各項功能下降。大腦一旦感到疲憊，將很難產出優秀的靈感。」

根據白川博士的說法，大腦在睡眠中，會將日間收集到的資訊進行索引化，以便未來搜尋應用。經過良好睡眠的大腦，會更有效率地運作，並且對整理好的資訊（記憶）進行令人驚訝的連結，進而更容易產生創新的想法。

每晚讓大腦和心靈獲得充分休息，
更容易將白天獲取的資訊深深植入大腦，
於日後產生創意的相關連結。

療癒音樂就是專門為了提供放鬆及安心感而創作，但每個人能療癒身心的音樂類型可能各有不同。

像我就偏好那些節奏悠揚，不帶人聲，只有樂器演奏的音樂，或者流水潺潺、海浪陣陣拍打的大自然音律。

我的一位朋友則表示，聆聽重金屬音樂時，是他最感放鬆、消除疲勞的時刻。

所以，請找出能令你感到格外放鬆的樂曲吧。

趁睡前播放約一個小時，讓大腦徹底放鬆之後再入眠，將會協助你獲得前所未有的高品質睡眠。

處方
2

床邊必備「靈光筆記」

剛清醒的半夢半醒時刻，總是令人格外舒適。

這段意識朦朧的期間，近似於冥想狀態，容易湧現出各種不同的想法。這時浮現的想法，不是來自有意識的邏輯思考，而是源自潛意識的自由發想，往往能催生出具有龐大商機的驚人創意。

某位知名科學家曾提到，那些改變世界的偉大發明或發現，大多不是來自白天在研究室糾結的時候，反而是來自身心放鬆的狀態下，突如其來的靈光一現。

白天輸入左腦的資訊，在夜晚放鬆之後才會產生靈感，這被科學家稱作「夜間科學」。根據這個理論，人們早上剛清醒時，是容易產生靈感的「黃金時刻」。前一天從書籍或影片中獲得的資訊，被輸入左腦儲存，經過一定期間的睡眠和放鬆，到了早上，右腦就會將這些資訊轉化為創意發想。

如果只把這些突然想到的點子，當作稍縱即逝的想法，那未免也太可惜，所以請在床邊準備好能夠記下靈感的筆記吧。

由於「靈光筆記」是專門用來記錄剛醒來時一閃而過想法的工具。為了能夠隨性書寫，特別推薦全空白或方眼格的大型筆記本，也可以自由選擇個人喜歡的設計。此外，還需要準備一枝筆。

創意的新鮮度，是非常重要的。

一出現靈感，不用設想太多，立刻記錄下來就好。

你可能會認為，整理想法之後再記錄下來會更好，但隨著時間流逝，人們經常容易忘記，或是受到常識、個人感受和立場等因素影響，失去原本的獨特性。

剛清醒時的大腦，徘徊於現實與夢境之間，常容易閃過平時不可能出現的想法。在常識介入之前，簡單記錄下真正讓你靈機一動的想法，將有助於掌握重要的靈感或發現。

這就是「靈光筆記」的重要性。

記錄的重點在於，不要加入邏輯、常識或個人感受，只需要將浮現於腦海中的關鍵字迅速寫下來。早晨筆記的步驟，就是這麼簡單。

之後，在思考企劃或有空的時候再進行回顧，看著那些早上寫下的關鍵字，進一步想像其可能性。有時將不同時間記錄下的想法組合在一起，甚至能演變成大規模的計畫。

我曾在早上剛清醒時，突然想到「三重價格」這個關鍵字，並立刻記錄在「靈光筆記」當中。後來經過重新評估並發展這個靈感，我規劃出「三重價格的美容沙龍」，並藉此創造了豐厚的利潤。

靈感出現的時機與昇華為實際計畫的時機，可說是千差萬別。當創意困頓，藉由回顧「靈光筆記」，有時也能激發出嶄新的想法。任何一個念頭，都可能成為創意的種子。別讓它們白白溜走了。

處方 3

在喜歡的地方吃喜歡的東西

靈感往往不是刻意去想就能夠浮現的。勉強催生出的創意，可能顯得俗套，或受到常識和個人認知的束縛而喪失趣味性。

人們常說「好點子會從天而降」，這種說法確實有一定的道理。不過光是痴痴等待，若點子不來，也無法繼續前進。所以，我們需要打造一個有利於靈感降臨的環境。

我在家中的個人房內放了一張單人沙發。這是為了讓自己有個容易放鬆的空間，尋找許久才買下來的中意單品。

我平常會在辦公桌上使用電腦，處理與工作相關的項目，而這張沙發則成了我的「創意等候區」。

起初買下它，只是為了方便看電視，但某次漫無目的地坐在上面時，腦海中突然湧現出許多想法，像是與朋友間的對話、工作事項，或是日前參加的外出活動等。我不明白為什麼會想到這些，但當進一步追溯這些念頭時，內心突然感到一絲觸動。

當我集中注意力在剛才閃過的人事物上時，意外發現了創意的種子。後來，類似的狀況又發生了好幾次。某些坐在沙發上萌發的創意種子，經過進一步規劃之後，發展成嶄新的商業模式，或是大幅拓展了原有的可能性。

現在，當我需要激發創意時，就會刻意將與創意相關的資訊記在腦海中，然後晚上準備些喜愛的飲料，有時還會來點酒和下酒菜，坐在這張沙發上，讓思緒自由馳騁。

不強迫自己「要想什麼」，畢竟一天下來也夠累了，而是讓自己處於什麼也不做地恍惚狀態中等待。任由輸入腦海中的資訊碎片緩緩浮現，輕盈地湧現無數創意種子，再從中選擇有活用價值的想法，進一步執行具體規劃。

為什麼工作用的書桌無法激發創意，坐在單人沙發上卻能等候創意降臨呢？我想，可能的原因如下：

工作用書桌需要負責「工作」這個任務，人們坐到桌子前自然會進入「工作模式」，導致在思考時會受到工作的限制，因此可能會不自覺加上「我得那樣做才行」、「必須加入這個」……諸如此類束縛創意的想法。

相反地，單人沙發與工作用書桌不同，沒有既定的任務，設計上也是為了讓人們放鬆，所以更能舒緩身心，投入屬於自己的世界，在不受任何干擾之下自由進行發想。

腦科學家茂木健一郎在某次採訪中，被問到有助於活化大腦的食物、飲料和地點時表示：「沒什麼特別的，只要選擇自己喜歡的就好。」

在自己感到舒適的環境中，
享受喜愛的食物，靜待靈感降臨，
當大腦感到愉悅，就容易產生新的創意。

所以請打造一個能夠獨處、你特別喜愛的地方，靜靜等候靈感到來吧。

處方
4

保留一段獨處的時間

一天當中，你有多少時間是獨自一人度過呢？

美國的研究結果顯示，人們獨處時的生產效率，會比與他人相處時更高。因為有他人在場時，我們會在意別人的眼光而難以竭盡全力。

雖然古希臘哲學家亞里斯多德的名言指出：「人是社會性動物。」但實際上，我們都各自扮演著被賦予的角色，如父親、丈夫、兒子、上司、部屬等。每個人都在履行這些角色要求的責任。

扮演這些角色時，我們都會下意識地做出符合角色的選擇。比如跟孩子在一起時，會不自覺地考慮：「身為父親，應該下什麼樣的判斷？」在公司與部屬在一起時，則會思考：「身為領導者，應該如何決策？」

倘若你以「個人」去思考、判斷的時間越少，那麼就越難發揮你獨特的創意。

但，無論需要扮演什麼樣的角色，你終究是你。

因此，有必要刻意充分安排讓「自己」成為「獨立個體」的時間。

心理學上，除了待在自己的房間裡等物理性空間，置身在被他人包圍卻完全沒有熟人的吵雜場所，都算是一種能讓人打從心底放鬆的「獨處狀態」。

當我真正覺得自己需要好好思考時，我會選擇一個能夠獨處的空間，或者會被陌生人包圍的熱鬧場所。

有些人可能會好奇，有別人在附近難道不會分心嗎？但因為不會有人注意到我，所以也不需要特別在意。既然不用扮演任何角色，就可以坦率地做真正的自己，不受周遭干擾地沉思或寫作。

選擇夜晚時分獨處，有各種功效與好處。

在沒有人打擾的情況下，能夠提升集中力，全心投入自己想做的事情。此外，也因為不會受到他人的存在和責任意識等雜念的干擾，可以更自由地進行發想。晚間也是適合舒緩一整天身心疲勞的時段，當獨處時，大腦會理解到「可以真正放鬆了」，並允許自己進入休息模式。

最重要的是，可以慢慢享受「做自己」的時光。不需要去顧慮別人，可以做自己喜歡的事情，也有機會進行自我反省，並適度維持「自我風格」。

雖然白天也可以安排獨處的時間（屬於自己的時間），但那畢竟仍算在日常的活動時間內，很難完全擺脫角色和責任的束縛，而且容易受到周遭人們的影響，難以投入「獨處狀態」。

建議在晚間進行，是因為會更有效率，而且效果更好。

如果你跟家人住在一起，可能會比較難安排獨處的時間。在這種情況下，可以選擇泡久一點的澡，或是早點上床休息等。

每天至少安排一次完整「做自己」的時間吧。

處方 5

提前準備隔日的話題

最近，早上的朝會時間重新獲得了某些企業的重視。

為提升企業的團隊力量，部分公司甚至在一度取消之後又重新實施。

我前陣子見到的一位商務人士，對方的企業在轉為遠距工作後，因為員工之間面對面交流的機會銳減，所以早上也開始實施遠距朝會了。

朝會的形式因公司而異，不過許多公司會讓員工輪流發言。

在朝會上要提出的話題，最好在前一晚就先想好。

因為是在一大早，所以要避免選擇太長或過度沉重的主題。此外，最好也盡量避開抱怨或發牢騷等內容，建議選擇能讓眾人愉快面對嶄新的一天、積極正面的話題。

例如最近的熱門話題、從書本或網路上看到的故事、名言佳句等。要注意的是，話題必須對參與者有幫助，否則不論你再怎麼深思熟慮也沒有意義。其次還要考慮到，話題是否可能令他人感到不快、以及你所期待的反應、乃至於該如何表達，才能達到你的目的。

由於朝會的發言時間有限，表達方式變得尤其重要。要在有限的時間內清楚傳達訊息，需要具備說故事的能力和想像力。透過提前思考話題的習慣，可以有效培養這兩項能力。此外，隨時準備一些能閒話家常的小話題，也是提升自我評價的一項重點。

在思考朝會話題時，有時還可能突然湧現出新的靈感。

靈感往往會在出人意料的契機下，被意外激發出來。

處方6

在 YouTube 探索未知世界

再好的創意都少不了資訊打底。

不論多忙，我仍會不間斷地收集各式資訊，這也是我能持續擴展事業的一大原因。

當然，我現在也習慣先收集資訊，但近年來，我收集的方式產生了改變。以前，我堅持必須篩選出優質資訊，例如：來自電視、報紙、書籍等由專業人士提供的內容，以及實際活躍於各領域的朋友們直接提供的資訊。

然而，最近我轉而透過社群網站和 YouTube 收集所需的資訊種類。這些內容由個人用戶在基礎規則下自由創作，往往充滿創新和挑戰，能夠獲得其他地方無從得知的資訊，獲得一定程度的刺激。

我對 YouTube 的熱愛，始於一次網路搜尋的經歷。

我一直非常珍惜一只二十幾歲時買的勞力士手錶，某次，一位對勞力士了解甚深的客戶，建議我可以查詢看看它現在的價值。於是，我前往東京出差時，立即請專人進行鑑定，才發現這只手錶的價值，已是當初購買時的約三倍。

我好奇為何它的價值會增加這麼多，於是開始上網搜尋相關資料，結果在 YouTube 上發現，我所持有的勞力士錶款正發生一些不可思議的現象。甚至還驚覺到，在勞力士官方專賣店購買的全新產品，竟比平行輸入水貨的二手品價格還低約一百萬日圓。

我很驚訝這種資訊在電視或報紙上居然接觸不到。後來，我找到了一個仔細解說這種奇妙情況的 YouTube 頻道，讓完全身為外行人的我也能充分理解。

自從發現這個頻道，我對勞力士手錶的價格波動感到非常有趣且著迷，相關知識也增長到可以在我自己的線上沙龍中開設「從勞力士學習品牌經營策略」的研討會了。

從那時起，我會在夜晚獨處時觀看 YouTube，然後尋找靈感與機會。現在的我，也開始製作並經營自己的 YouTube 頻道和線上沙龍。

YouTube 上，有許多擁有不同觀點的人，製作並發布各式各樣的影片。其中也有些影片是針對特定的領域，進行深入探討。

今後，YouTube 可能會成為越來越多人聚集的場所。由於它完全是以個人名義發布，有時可能會缺乏泛用度或確定性。有些人會因此感到擔憂，認為 YouTube 上的資訊不可信，選擇一律排除。但我認為，這是非常可惜的一件事。

至少，它是了解世界上有哪些需求的有效工具之一，而且可以讓我們接觸到日常生活中所無法遇見的「未知世界」。

在重視「獨立個體」的時代，擁有豐富的創意來源，絕對會是一大優勢。

關鍵在於，如何與這樣的工具和平共處。

例如，不應該將 YouTube 上的內容直接轉化為創意來源，而是將其視作創意的種子，仔細深入探索（驗證），以進一步將其昇華為可用於工作上的創意，這樣就可以有效避免風險。

收集資訊或創意發想時，不妨打開 YouTube，隨意搜尋不同主題的影片，這樣能夠更全面地掌握世界動態，並獲得許多難以在其他地方找到的資訊。

處方7

去享用美食，刺激新感官

我經常會前往朋友、熟人或客戶推薦的熱門餐廳享用美味佳餚。通常我會選擇先預約再前往，但嚴重缺乏工作靈感時，也會特地出門尋找美食。

很多時候，你會覺得找不到靈感，可能是因為疲勞或其他因素，使感官變得遲鈍所致，這種時候就需要一些刺激。

品嘗美食能夠給予感官適度的刺激，尤其是味覺、視覺和嗅覺，還能透過接觸一流的款待與服務，進行工作面上的學習。

最重要的是，美食有賦予人們活力的力量，它能成為對自我的療癒、鼓勵，以及對於辛勤工作的獎勵。

透過日常生活上的變化，刺激感官，激發大腦的創新思維。

當感官受到刺激時，大腦會產生反應。

即使不一定會立即產生創意，也會開始思考：「如果是我，能做些什麼？」動腦展望未來。

當聽說有熱門酒店新開張，或是有趣的新事物時，我也會把握機會去多加嘗試。熱門餐廳之所以會受歡迎，背後總是有原因的，在那裡總能有許多新奇的發現。

但是，若是過分著重在「是否有持續思考？」、「有沒有產生創新思維？」，對美食和樂趣的享受可能會因此減半，反而難以形成刺激。所以，還請全心全意地享受這個過程即可。

享用美食不僅能兼顧學習和自我犒賞，還有助於建立人際關係，非常值得推薦。

處方 8

參加暢銷作家的座談會

為了磨練創造力及自信心，許多人會選擇閱讀書籍。實際上，閱讀確實能帶來豐富的學習經驗與靈感。

如果你在閱讀某本書之後，覺得感同身受，那麼實際與作家或作者見個面會是個不錯的選擇。

身處同一個空間、呼吸著同樣的空氣，可以更深入理解作者的想法和感受，或許還能聽到書中沒有提及的「小插曲」，這些都會是對你非常有益的經驗。

這些「小插曲」往往包括了作者的失敗經驗，或成功之前遭遇的困境。像是歷經失敗與煩惱，才好不容易破繭而出的親身體驗，若能在這種機會中親耳聆聽作者的聲音和話語，會讓人更切實地感受到不凡之處，並從中獲得勇氣與熱忱等能量。

我目前被稱作「打造『世界第一』的男性品牌規劃師」，這也是書本帶來的機緣。

我過去閱讀某本商業書籍時，讀到擁有全球市占率四〇％的吉他公司富士弦創辦人橫內祐一郎先生的故事。我深深被他成為世界第一的故事吸引，而立刻閱讀了他的著作、觀看了他的演講ＤＶＤ，因為感到敬佩不已，進而成為他的忠實粉絲。

後來我得到出書機會後，也在處女作中提到了橫內先生，便乘著這個機會，隨書寄上了問候信，結果竟獲得與他會面的機會。自那之後，我們開始合作，不僅在各方面都獲得支持，還承蒙他親自邀約：「由你來行銷我吧。」得到機會擔任這位「世界第一男人」的品牌製作人。

與橫內先生共度時光，並進行許多交流之後，我獲得了許多洞見和學習。現在，我能夠在經營企業之外，還從事多項不同的工作，其中有許多都受益於從他身上學到的各種知識和提攜。

與暢銷作家交談，能讓你意識到以前從未思考過的事情。

此外，聚集在同一場合的人們，都跟你一樣被這位作家的某部分所觸動，因而更有機會能成為分享彼此想法的朋友或知己。有位暢銷作家，就曾收到一則喜訊，是兩位偶然在他出版紀念演講上坐在一起的讀者，因這個契機而步入禮堂。

由此可見，這樣的場合，甚至可能會出現改變人生的邂逅。

自從成為一名作者，我終於明白讀者讀過我的書後，願意抽空參加座談會，有多麼令人高興。正因如此，我也致力於不讓參加者感到後悔，以最大的努力傳達各種知識技能與想法。

座談會後的問答環節、簽名會和握手會等，能夠直接交流的機會中，假如有人就他們的煩惱或迷茫尋求建議，我都會盡全力回答。我時常在座談會後舉辦聚會，直接與讀者和聽眾交談。

比較不為人知的是，有些作者會和讀者建立聯繫，一起進行各種活動。我認識的一位作家，就是在座談會上遇到有共鳴的參與者後，一起推動了業務合作。

你的存在，可能會成為作家的靈感泉源。因此，只滿足於閱讀書籍就太可惜了，應該更積極地把握與他們會面的機會。

處方 9

仰望星空，進行「自我覺察」

如今，「自我覺察」這個概念已經在人們的生活中扎根。自我覺察就是珍惜「此時此刻（當下這個瞬間）」的生活方式。以Google為首，許多矽谷企業已將自我覺察納入員工訓練的計畫中，而日本也有不少知名企業開始採用。

自我覺察的效果已經得到腦科學實證。美國哈佛大學研究小組的實驗成果，更是廣受全世界關注。

自我覺察的理念認為，人類是宇宙的一部分。透過意識到自己正處於這個廣闊世界、悠久歷史中的「此時此刻（當下這個瞬間）」，可以讓我們不受眼前的小事束縛，回歸自我本質。

在自我覺察盛行前，我早已習慣定期實踐與宇宙和諧共存的做法，吸收來自宇宙的能量。

做法其實非常簡單。在可以看見星星的夜晚，走到戶外（陽台上也可以），仰望星空，掌心向上，雙手往上伸展開來，在心中默念（也可以進入冥想狀態）：

「宇宙無盡的能量啊，請降臨在我身上。」

接著，你會感受到從空中降下一道存在感十足的光束能量，從頭頂注入體內。每個人的感受可能不盡相同，但你或許會忽然忘卻現實世界，瞬間停止思考，讓整個人思緒被清空，感覺煥然一新。

你是否曾有過泡在夜晚的露天浴池裡，被星空的美麗所震懾，瞬間忘記原本盤據在腦中的擔憂與不安的經驗呢？我所說的方法，就是刻意實踐這個過程。

當然，可能也有人並不樂意採取這種方式。

這樣的人確實不在少數。不過，有位我認識的女士，半信半疑地嘗試過後，不但感覺心靈獲得了重置，甚至還驚奇地發現自己擺脫了擔憂與不安，變得更加積極正向，感覺全身充滿了力量。

如果有機會，請務必嘗試看看。

你應該也能感受到來自宇宙的驚人能量。

在能量枯竭的狀態下，
是很難產生創意的。

為了無限孕育出優質的創意，請定期補充來自宇宙的能量吧。

第4章

打造豐足社交圈的六個處方

處方 1

感謝今天相遇的每一個人

許多成功人士都有一個習慣，那就是向祖先和周遭的人們表達感謝。他們會直接對見到的人說「謝謝你」，對沒有見到面的人，則在心中表達對對方的感謝之意。

被尊為「經營之神」的松下幸之助先生，就曾在著作中提到：「對周遭懷抱不平不滿、散播負面情緒的人，業績必定會受到不好的影響。相反地，對於支持自己的人所懷有的感激之情，將與成功成正比。」

我每天早上都會對祖先和雙親表達感謝，上香時對家人和自己周遭的所有人獻上感謝的心情。奇妙的是，自從開始這個習慣以後，我工作變得非常順利。

隨著業務範圍擴大，我增加了更多與人會面和進行各種業務合作的機會，因此也開始每晚感謝當天遇見的人。無論是進行諮詢的客戶、在商務會談中見面的合作夥伴、提供英語教學的老師，或是去咖啡廳時熱心接待我的員工，我都會在晚間閉上眼睛，回想這些人的面孔，在心中說一聲：「謝謝你。」

當然，我一定會把握現場道謝的機會，但之後仍會在晚間再次表達對他們的謝意。

因為所有的成功與成就，都是來自他人。

自從養成這種感謝的習慣之後，即使是當天不歡而散的對象，那種負面心情也會被清空重置，甚至還會產生些許敬意。

整體結果來說，我明顯改善了周遭的人際關係，最近甚至不再對他人懷有任何負面情緒。

雖然這並未經過科學上的實證，但帶著感謝的心情結束一天，會讓情緒和緩下來，並且帶著溫暖的心情入眠。或許是因為這樣，第二天早上也能愉快面對嶄新的一天。

我認識的一位企業家朋友，每晚都會在心中默念出當天在Facebook上為他的貼文點「讚」的名字，並在最後大聲說出：「謝謝你們。」許多知名的成功人士都曾找他諮詢。他就是這麼值得信任的一個人。

忙碌的生活中，我們往往容易遺忘感謝的心情。

你是否也曾在口頭上說「謝謝您的幫助」、「非常感謝」，但卻是口是心非，內心無動於衷？

為了避免這樣的情況發生，需要刻意將「感謝」的時間納入日常的例行慣例當中。

我感謝完今日遇見的人們後，會再對平安結束的一天說聲「謝謝」。

在這個世界上，我們永遠不知道何時會發生什麼事，要珍惜每一天不如想像中的容易。

正因如此，我建議大家不要遺忘感謝的心情。當然，僅僅在心中默念，也無法傳達感謝之意，所以請不要感到難為情，隨時向別人說聲「謝謝你」。

同時，也別忘了感謝辛苦了一整天的自己。這將成為明天繼續努力的動力。

處方 2

與工件無關的人見面

人際關係總是伴隨著壓力。

無論是對他人的體貼關懷，還是彼此需清楚傳達意見的緊張感等，與人交流時，或多或少都會產生精神上的疲憊。事實上，由於工作性質的關係，我時常需要跟許多人見面，有時不免也會對人際關係感到疲勞。

不過，若是只因為跟別人見面會感覺疲憊，而迴避人際上的交流，那就是一種本末倒置的行為了。

獨自一個人的力量是有極限的，只有透過與他人的交流互動，才能及時抓住新的機會，激發個人的潛力。

假如你對人際關係感到疲勞，或是感受到人際關係帶來的壓力，那麼不妨多找機會跟與工作無關的朋友相聚、享受輕鬆對話的樂趣。

這樣做可以將「與人接觸又累又麻煩」的負面感受，轉變成「與人見面很令人愉快」的正面情緒。

我會定期跟一些完全沒有工作往來的朋友一起去打高爾夫球。我們彼此都是很要好的朋友，就算我有時隨口說出一些不經大腦的話語，或是一些蠢話，他們也都能理解和接受。在這種環境下的「我」，不需要承擔任何頭銜和職責，可以做真正的自己，不會感受到任何壓力，身心格外放鬆。而且，因為沒有跟工作有關的人在場，我不用去想工作的事，只需要徹底放鬆，全心享受這段愉快的時光。

其中有一位時常一起聚會的朋友，是一家高級日式餐廳的老闆，他每天都面帶笑容地接待顧客，為人非常和善，但日復一日經營店裡的生意，難免會感到疲勞。他曾經提到，打高爾夫球的聚會時間，讓他得以能夠毫無壓力地跟好友進行交流，適度舒緩壓力，常保身心放鬆。

由於與他人愉快的交流，加上又透過高爾夫適度活動身體，充分整頓一番，隔天便能以零壓力的狀態展開新的一天。

我會積極利用與人相聚的方式，來進行人際疲勞的排毒。

如果你持續承受來自人際關係的壓力，可能會漸漸覺得跟任何人見面都是件令人厭煩的事。帶著這樣的感受與他人接觸，即使掩飾得再怎麼完美，對方也多少會察覺到你的心情，導致關係漸趨緊繃。這樣只會導致壓力不斷增加，甚至可能引發更多麻煩。

此外，來自人際關係的壓力，會比你所想的更容易讓心靈與大腦感到疲勞。因此要儘早排除壓力，尋求解方。

工作結束之後，記得找一些朋友單純聚聚，或是跟與工作無關的熟人、朋友交流。當然，如果跟家人閒聊能帶給你療癒感，那麼與家人相聚也是個不錯的選擇。據說有一位非常知名的國際企業前CEO，他會拒絕晚間的商務聚餐，優先選擇與家人相處。

只要與能讓你忘卻工作的人見面，就會感到負擔瞬間消失，像是卸下了全身的重甲，甚至連身體都變得輕盈許多。如果無法見面，透過電話或視訊聊天、互傳訊息等，雖然不及直接面對面那樣明顯，但也能發揮一定的效果。

不妨嘗試每週至少一次，或至少每個月一次，積極安排與工作無關的人相聚的時間。定期進行零壓力的交流，這可以讓你不遺忘與人相處的樂趣，體會到與人愉快交流的重要性，才能自然而然地跟其他人建立起良好的關係，並提升自己的溝通能力。

多跟與工作無關的人交流，
藉此改善工作上的人際關係吧。

處方 3

事先調查初次會面的人

人們常說，生意始於相遇。

光靠一個人無法做生意，永遠只跟同類人交流，也難以讓生意獲得成長。

藉由新的相遇，結合雙方的優勢，得以成就工作與個人成長。

以我個人來說，我會積極去見自己感興趣的人。這時我一定會做一件事，就是在見面的前一晚進行一些事前調查。

我會先了解對方從事什麼樣的工作，擁有哪些實績等資訊，並瀏覽他們的部落格或社群網站，如果對方出版過書籍，我也會大致閱讀過他們最新的作品。

這樣做的好處是，實際見面時可以聊得更投機，甚至進行更深入的商業提案，以及對提案有幫助的資料。當對方知道我對他們感興趣，通常會感到高興，能瞬間拉近彼此的距離。

最重要的是，從調查的過程中，自己也會更期待與對方見面。

可能有人會覺得，為什麼前一天晚上才進行調查呢？這是為了讓調查時間有限。如果初次見面時，對方發現你對他們太過了解，可能會感到有些驚訝。過度的了解，可能會讓對方產生戒心，誤認為你是危險人物。為了避免這種情況發生，我不會花太多時間在調查上。

事實上，執行這個步驟不會耗費太多時間，而且有時還能帶來意想不到的收穫。建議你嘗試看看。

處方 4

道歉郵件，要盡快送出

越是成功的人，比起自己的成功，會更重視失敗及錯誤。因為失敗和錯誤是通往成功的路標，提示我們哪裡能夠有所改進。

想持續在商業上獲得成長，就必須不斷進行挑戰，過程中自然會伴隨著一定的錯誤發生。所以反倒可以說，錯誤是商業成功的關鍵，甚至是應該熱烈歡迎的過程。

不過，在這段過程中，有一件事必須特別留意，那就是不要破壞人際關係。

我自己也曾經犯下這樣的錯誤。事後冷靜下來想想，其實那些讓我發火的事情，也不是什麼大不了的事，但當時的我無法容忍對方的錯誤，任由一時的情緒波動攻擊了對方，結果導致信任關係瓦解，連帶事業也受到影響。

還有一次，明明是我有錯在先，但自己卻因為無法接受這個事實，而沒有坦率向對方道歉，最終導致與原本與我合作的人選擇離開。在那之後，我就再也沒有跟那個人恢復往來，相關業務也就宣告終止。

無論多麼優秀的專案或點子，如果其中相關的人際關係出現裂痕，就無法達到成功的目標。

一起做生意這件事，意味著投入時間、金錢和勞力。必須在彼此冷靜的情況下，懷抱著一定的覺悟來面對眼前的工作。實在不應該因為一時的個人情緒，忽視這份共同的努力。

平常的我，肯定能意識到這一點。然而當時由於「錯誤」所引發的焦慮與動搖，以及「不可能只有我錯」的固執，讓我並未做出正確的判斷。

人是情感的生物，有時難免感性大於理性。
然而，一旦被情緒所控制，就很難做出正確的判斷，
行動和思考也無法維持正向發展。

人際關係的問題，多少都源自一時的情緒。

我們會被情緒所影響，導致過度憤怒或把話說得太過頭，而讓問題更加惡化，甚至陷入無法修復的狀況。

各位或許也有過類似的經歷：事過境遷後才開始感到納悶，為什麼當時會那麼生氣？或是為何那麼固執，就是不願意原諒別人？

這些都是強烈受到情緒影響的表現。

但無論當下的情緒有多強烈，最後都會冷靜下來。

晚上回到家裡之後，當大腦、心靈和身體都進入「休息狀態」時，情緒也會跟著穩定下來，能夠更加冷靜地思考前因後果。

如果當天發生了人際關係的問題，那麼在晚上進入「休息狀態」之後，就應該主動寫封信給對方。

要特別注意的是，信件內容不需要聚焦在爭吵本身，而是優先思考「今後你想怎麼做」。是希望跟對方繼續一起推動專案，完成目前的項目或工作，還是選擇結束？就這麼簡單。

在寫這封信的時候，請先放棄「為什麼會變成這樣？」、「覺得對方應該要道歉」、「希望對方能夠理解」……這類想法。

假如想繼續推動專案，那就應該在郵件中表明這個想法。倘若認為結束是最好的選擇，也應該清楚表達出來。無論做出哪種選擇，透過撰寫郵件，能夠幫助你明確認知到自己該做的事，並向對方傳達應有的訊息。這樣也比較能夠坦率地向對方表達歉意。

要修復人際關係，時間可說是至關重要。假如錯過了當天晚上的機會，事態可能會進一步惡化。雖說不是「趁熱打鐵」，但在問題發生的當天晚上，對方也很可能在思考相關的問題，因此這會是一個容易貼近對方想法的絕佳時機。

畢竟過去曾是朝向共同目標努力的同伴，在這個時間點，如果對方收到你坦誠以對，並表達自己接下來想怎麼做的郵件，就很可能會真摯地接受，以及進一步思考自己今後的打算。

接下來，就靜靜等待對方的回覆吧。

無論結果如何，至少可以避免關係進一步惡化，或是完全斷絕來往。若是時機成熟，未來或許還有機會再度交流或共同合作。

然而，也不能完全排除對方可能沒有任何回應或採取失禮的回覆。

假如出現這樣的狀況，很可能是因為對方仍無法擺脫當時的情緒。如果是這樣，就當作現階段緣盡於此，接受現實吧。

處方 5

定期舉辦坦誠交談的酒聚

「有些人際關係，只有在喝酒的場合才能建立起來。」

這是已故的志村健先生，在某個節目中說過的話。

喝酒之後，（因為大腦的活動變得遲緩）人們會變得不擅長說謊。

並且，透過與他人一同享受快樂，工作上也能像是在私人場合一樣，隨興地直接吐槽、交流。有些時候，如果無法建立起這樣的關係，就很難一同達成某些目標。

我每週會舉辦一次酒聚，打造出互相了解及建立人際關係的場合。

參加者每次都不太一樣，包括我想進一步交流的人、各行各業的關鍵人物、老師、團隊成員、合作夥伴、客戶、研討會的參加者，甚至是關係不太好的人之類的。

雖然我把這類活動統稱為酒聚，但每次舉辦的氣氛及目的都各有不同。例如，以資訊交換或建立關係為目的時，會是令人愉快的場合，大家在酒精的作用下往往比較健談。會陸續出現「只在這裡才跟你說」的話題，得到許多屏除場面話的實用情報。我在酒聚中學到的東西，簡直多不勝數。

為了實現目標而與關鍵人物交流的酒聚，整體來說則會比較沉穩。透過坦率地表達出自己的感受和想法，讓對方也願意真誠以對，一同度過格外充實的時間。白天雖然也能從各方面獲得指導，但在酒精相伴之下，更能聽到那些清醒時不容易聽到的個人故事，比如他們曾經歷什麼樣的煩惱、如何克服困難等。這樣不僅能學習到實現目標所需的技巧，還能了解如何栽培自己的人格，就結果而論，能夠以最快的速度達成目標。

與商業合作夥伴的聚會，不同於平時工作上的互動，職場上，主要會集中在工作話題，很難以深入了解對方。倘若不多加關注對方內心的想法，可能會在不知不覺間產生隔閡。為了避免這種情況發生，我會透過偶爾舉辦酒聚，暢談彼此的想法，或是隱藏在心中的不滿情緒等。我也會在這時，向對方表達內心的感謝。

由於我也從事講師相關工作，所以研討會之後總會辦個聚會。聚會間，不存在講師與學生的立場，而是可以坦率交流的關係，因此容易收到一些在研討會上不方便提出的問題和諮詢，參與者的滿意度相當高。我也藉由認識許多人，獲得不少啟發和刺激，將這樣的聚會視作學習的場所。

與團隊成員聚會，則是為了強化團隊向心力。任何工作都需要借助團隊合作的力量。假如團隊中有人士氣低落、心懷不滿或考慮離開，團隊工作就會停滯。為了避免這種事態發生，我會適度舉辦聚會來釋放壓力，透過重新確認團隊理念，共享愉快的時光來享受團隊所帶來的樂趣。

除此之外，也包括從成功人士身上學習策略、與忙碌到晚上才有空的人度過充實的時光、和客戶建立良好的關係、修復破裂的人際關係、請那些幫助過自己的人吃飯等，都是晚上才能做到的。

白天是商業模式，夜晚是放鬆模式，這已經成為上班族根深柢固的習慣。白天往往很難敞開心扉說出真心話，但在晚間的酒聚上，心防再強的人也會放鬆戒備。請抓住這個雙方都放下防備心，能夠坦誠交談的絕佳機會，妥善利用晚間酒聚的時光吧。

不只是單純一起喝酒，而是帶著一定目的與策略。酒聚是一種能有效建立起人際關係的技巧。

處方 6

幫別人牽線，擴大人脈

想持續獲得工作成果，就少不了他人的力量及協助。獨自一人無法完成所有工作，而且若要持續產出成果，則需要不斷尋求改變。

獲得他人協助之前，你必須先成為他人的助力。

這是能持續做出成果的人們最大的共同點。

我時常在晚上舉辦為熟人牽線、相互認識的場合。

若安排在白天，由於大家都處於工作模式，通常只會談論工作相關的話題，讓難得的會面熱絡不起來。由於這種狀況發生過好幾次，所以即使是初次見面，我也會盡量安排在夜晚進行。

見面地點會選擇比較能夠放鬆的餐廳和酒吧。以餐點和美酒作為香料般的潤滑劑，醞釀共同的話題。

雖然我邀請的對象單純出自個人的主觀，因為覺得他們雙方若能見個面促成合作，極可能做出亮眼的成績。我能否參與其中並不重要，頂多只希望以一名支持者的角度從旁提供支援。

有些人可能會認為這種做法毫無利益可言，我也曾實際被這樣指點過。但事實卻並非如此。

每當被我牽線的人們成功建立關係並更進一步時，他們也會反過來為我牽線。這些了解我的人，會介紹他們認為對我有幫助的對象，所以每一次的牽線都是高水準的人脈與機會。結果，我在許多工作上都促成了多面向的發展，甚至遇上過去從未想過的可能性，好處不知凡幾。

最近有越來越多人在我想到之前，就搶先為我牽線，創造了不少邂逅的機會。

比如前陣子，我正想找一位高手為新業務架建網站時，立刻有人向我介紹一位十分有經驗的網頁設計師；當我考慮開設一個新的演講或研討會時，就有人為我引薦了擅長集客式行銷的專家。甚至當我想寫有關某個主題的書時，也有人為我介紹對該主題特別感興趣的編輯。這些機會接踵而來，幫助我將想法轉化為實際行動。

一位我認識的企業家曾表示：「我發現自己常會不自覺地想到：『如果把這個人介紹給後藤先生，可能會滿有趣的。』」

人們都有在接受他人恩惠後回報對方的天性。我並非鼓勵大家以這種想法為動機，但對他人的真誠付出，終將以人脈、運氣或金錢的形式返回到自己身上。因此，假如你想建立良好的人脈，那麼請先從為他人打造良好的人脈開始。

就結果而言，你將能以最快的速度建立起自己的人脈網絡。

第5章

實現未來夢想的九個處方

處方1

上網探索自己的可能性

在漫長的人生道路上，誰也無法預測會發生什麼事。世界的變化、你所處環境的變化，以及你本身的變化……。無論是好是壞，人生總是充滿了令人意想不到的事情。

近年來，有越來越多公司允許員工兼差副業，甚至有些公司會積極推動員工開創副業。這在十年前根本難以想像。

有許多人可能會認為，公司的工作已經這麼忙了，哪來的時間經營副業？因此對這方面的事情毫不關心，但這種趨勢，在未來將更加盛行。

這是因為，未來是屬於「個人」的時代。

如今，企業已無法保障能夠終身雇用，人們需要自己去探索生涯，這對於長期為公司賣命的人來說，可能會感到不知所措。然而，

世界的變化，也是你開拓嶄新可能性的機會。

現在的你，和十年前的你一樣嗎？

對大多數的人來說，應該都出現了相當大的不同。

那麼，你認為十年後的自己，會跟現在一樣嗎？

如同世界會不斷產生變化一般，你也會不斷出現變化。換句話說，你是有能力改變的。

但必須從現在這刻開始，有意識地做出改變。

發展副業可以當作改變的第一步。

成功人士除了公司的本業之外，通常也有其他能夠發揮的領域。無論是副業、為了實現夢想所進行的活動，當然也包括投資。他們都在實踐多

角化經營，以避免過度依賴單一的收入來源。

要經營什麼樣的副業比較好呢？首先，你需要探索適合自己的領域。這時，網路上的相關資訊能提供你相當大的幫助。

在網路上，你不但可以找到適合發展副業的領域，還可以看到實際的經驗分享，例如這些從事相關副業的人，他們一個月賺了多少錢，年收入可以達到多少。

以我來說，目前我雖然以諮商顧問做為本業之一，但這項工作一開始其實也是從副業發展而來的。當時的我，在地方經營美髮沙龍和其他幾家店鋪，晚間上網搜尋時，偶然發現一個提供顧問及作家協助的組織，在負責人的網站上，我閱讀了〈成為顧問的方法〉這篇文章，才發現我能夠將自己的經驗活用在顧問的工作上，於是產生了興趣。

其後，我從負責人的著作、顧問及研討會講師的心得中，學習到相關知識。之後在一些機緣巧合下，有幸獲得了出版書籍的機會，就此踏出成為顧問的第一步。

這一切都為我現在的各項工作奠定了基礎。

在網路上搜尋之後，你會發現世界上有各式各樣的工作和需求，一定能找到需要你的經驗與能力的地方。

你可能會忍不住心想：「這種事情真的能幫助到別人嗎？」這可能也將成為你發現自身可能性的契機。

建議你可以先從「副業」這個關鍵字開始搜尋看看。

或許這將造就你改變未來的重要機遇。

處方
2

上網尋寶，體驗新事物

網路是充滿各種可能性的寶庫。

只要使用得當，它能幫助你實現「想成為」、「想做到」的目標，以及對未來的種種期望。從十年、二十年後的遠景，到一週後、後天、明天等近期的將來，都有許多工具可以提供支援。

我晚上有空時經常上網尋寶、進行「櫥窗購物」。其中最常尋找的目標是書籍和服裝。

包括逛逛有沒有想買的書、最近大家都在看哪些書、有什麼新書出版、喜歡的作家有沒有新作品等。

對我來說，書籍如同成長的引擎，提供了學習新知識技能、整理思維、學習為人處事的方法，可以說是幫助人們開拓未來的重要工具，所以我一定會查看新書訊。

雖然我有時也會前往實體書店，但考慮到時間成本，以及近來許多書店的進貨量銳減，從資訊收集的角度來說，網路是更方便的選擇。

另外，由於我也從事造型師相關工作，因此特別喜歡服飾。再加上顧問這類重視個人形象的工作，外表是否得宜，足以影響獲得下一份工作的機會，所以對我而言，服裝也是十分重要的工具。

此外，服裝還可以發揮以下兩種效果：

其一，穿著自己喜歡的、明亮顏色的服裝，能有效提振心情與動力。

其二，為了穿上喜愛的服裝，人們也會設法維持體型，因此能發揮一定的減肥效果。

可見服裝是優先程度相當高，不容忽視的重要工具。

無論是書籍還是服裝，網路上都有各式品牌和種類可供選擇，能夠盡情地自由挑選。此刻的興奮感不僅來自「原來還有這麼一本有趣的書！」、「這件衣服真的好漂亮！」之類的新發現，也包括藉由想像不久之後的未來帶來期待感，例如「讀了這本書之後，我是不是也能做到什麼？」、「穿上這件衣服出去玩，肯定會很開心！」諸如此類。

將上網尋寶，當成想像未來的練習。

在網路世界中，大可不必在意他人的目光、大膽地尋找寶藏。

你可能會遇見平常不會選擇的各種新鮮事物，不妨大膽嘗試這些嶄新的發現，或許能藉此邂逅從未想像過的自己。

處方 3

搜尋了解感興趣的人

你平常主要會如何獲取資訊呢？

大部分人可能會透過電視、報紙、社群網站、網路等各種媒介來取得不同的資訊。

雖然我用的是「媒介」這個詞，但大多數的資訊都是經過某人編輯過的內容。他人的介入，也代表會加入個人的解釋及意圖。即便是本人釋出的內容，也可能因為經手他人，而產生截然不同的意義。

「網路上是這樣寫，但電視上又那樣說。他們應該在講同一件事吧？但感覺在細節上有些出入……到底哪個才是對的？」這種困惑的感受，你或許也曾出現過。

憑藉單一資訊來進行判斷，是非常危險的一件事。

然而，要驗證世界上的所有資訊，又實在太過繁瑣且不實際。所以，不妨先著手對你現在感興趣的人事物，進行相關調查。如果一時之間沒有想法，不妨先找找你想鑽研的領域中已經做出成績的人，或是對你感興趣的項目發表意見的評論家等人，開始著手調查。這對你而言，可能會是極具價值的資訊來源。

我通常會針對在網路新聞等媒介上所看到的、令我感到有興趣的人，或是在準備投入的業務領域中已經取得成果的人進行調查。

在眾多新聞中，會感到「有興趣」的對象，可能就代表對你而言有某些特別的意義，所以首先要了解那個人從事的工作內容，有什麼樣的想法、曾有過哪些發言，如果在了解之後，感到更有興趣，我就會進一步關注他們今後的發言和動向。相反地，如果調查到的資訊沒有那麼吸引我，我就會終止相關的調查。

透過接觸多元的資訊，可以詳細了解特定對象的想法和做事方式，進而深入了解自己為求實現目標，應該著手去做的事，以及該思考些什麼。有時在這個過程中，也會發現自己產生了誤解，或發掘出新的課題。

調查通常會從網路開始，因為除了能查閱到網路上的公開文章，還可以一併搜尋報章雜誌上的相關資訊。

假如想更深入地了解某人，我會瀏覽他們的社群網站，或是閱讀他們的著作。以前，我甚至曾為此而購買對方出的ＤＶＤ，或是去參加他們的演講。

主動調查自己感興趣的人事物，能讓你迅速在感興趣的領域中累積豐富的相關知識。當你深入挖掘並累積資訊，就會對該領域更加精通，這將成為你全新的優勢。

我之前提到過勞力士手錶價格波動的奧妙，也正是因為長期追蹤相關資訊，讓我比一般人更了解勞力士這個品牌，之後還舉辦了相關的研討會，這也是對「感興趣」的事物進行徹底調查、研究的結果。

近年來，針對特定主題，只開放少人數參加的小型研討會越來越多，有些平常非講師的人士，也可能應邀成為教學者。

這有時也會跟副業產生連結。

無論在哪個領域，只要深入探索，總能得到某種形式的收穫。

「感興趣」這個想法，
代表你的潛意識正有所反應。

不要漠視自己「感興趣」的事物，積極地進行探索吧。

處方 4

朗讀「理想自我清單」

我有一個整理出「理想自我清單」的習慣。

製作方法很簡單。首先試想如果三年後，神會實現你的任何夢想，你會希望實現什麼夢想？想成為怎樣的人？將這些想法寫下來。

寫出如：「成為○○」、「當個○○的人」……這類的肯定句，以條列式記錄下來。建議列出大約十到十五項。

此時的重點在於，要拋開「現在的我似乎辦不到」或「我有那個能力嗎？」這類否定句或者受到現實限制的想法，全心全意地進行想像。

這個過程可以深掘你內心真正渴望的理想自我形象。一旦出現清晰的想法，就將它們全部記錄在紙上。

「理想自我清單」是你未來的藍圖，
也是引導你成就理想自我的最佳導航。

舉例來說，我的「理想自我清單」裡包括了這些目標：

- 成為獨一無二的人物。
- 引導兒子們邁向成功。
- 從演講、寫作、品牌策劃等工作中獲得收益。
- 成為日本頂尖的激勵演講人。
- 成為女性創業品牌的專家。
- 全力提升英語能力，展開英語相關業務。
- 持續挑戰新事物。

無論是具體或抽象的目標都可以。請將寫好的清單，貼在平常容易看到的地方。然後，每晚在睡前朗讀出來。

這樣做能夠將這些目標，在睡前植入潛意識當中。就寢前，大腦及潛意識都處於放鬆狀態。據說人們在放鬆時，想法會更容易抵達潛意識。潛意識有填補理想與現實間差距的功能，所以想著這些目標入睡，有助於你在隔天早上醒來時，產生新的靈感及想法，並且實際嘗試，在現實生活中實現理想的自我。

因此，當你早上忽然靈光一閃，請務必寫在前面提到過的「靈光筆記」上。這樣做可以促使你在白天付諸實行。

未來就是今日的延續。

今日的改變，將成就未來的改變。

透過每晚朗讀「理想自我」清單，你在人生中的每一天，將帶著屬於自己的目標。

有意識地追求「理想自我」的生活，跟漫無目的的生活相比，在實現目標的進度上將會產生相當大的差異。

當你開始抱持「理想自我」的意識，從那一天開始，就會產生變化。你會不自覺地去思考，若是「理想中的自己」，會如何判斷、行動及思考。

人生是由目標塑造而成的。

讓我們一天比一天更接近「理想的自我」吧。

處方 5

泡澡時，召開「一人未來會議」

泡澡不僅是舒緩一整天疲勞的療癒時刻，還能發揮另一個重要作用，那就是召開一人未來會議和策略會議。

所謂的一人未來會議，是指獨自幻想未來將成為怎樣的自己，而沉浸、享受其中的會議；而一人戰略會議，則是為了成為理想中的自己，獨自探討需要實行哪些步驟，假如現在面臨任何問題，則要在會議中尋找出解決方案。

在浴缸中注入稍燙的熱水，滴入一些喜愛的精油，拌勻水面，讓香氣完全融入水中。當舒適的香味瀰漫整個浴室，會場便準備就緒。

接下來，你只需要舒適地泡在浴缸裡，就可以開始舉辦未來會議與策略會議。

當身體被熱水溫暖，血液循環變得更加順暢，心靈和身體都會逐漸放鬆。這種狀態下，很適合想像工作的未來藍圖，或是進一步發展業務的相關策略。

褪下所有裝束，回歸最真實的自己，在放鬆的空間中，真摯地與自我進行對話。

你會在這個空間裡自然地產生積極的心態與想法，腦海中也會浮現迎向美好未來的靈感，或者突破現狀的策略。將這些重點牢記於心，會議就可以結束了。

當人們坐在辦公桌前思考時，常會不自覺地被現實和理論所束縛，無法拓展對未來的想像。因此，在夜晚刻意營造出容易正向思考的環境，會是個不錯的選擇。

雖然不太建議長時間泡在浴缸裡，但在舒適放鬆的狀態下舉辦一人未來會議或策略會議，不僅是令人愉快的一件事，也有助於催生出積極的應對策略及嶄新的未來發展。強烈建議你嘗試看看。

處方 6

刻意學習新事物，伸展大腦

為了提升自己原有的能力，挑戰不同領域的事物並活用腦力是個有效的方法。定期沉浸在與工作無關的事物，可以讓自己擺脫一直使用相同思考模式的狀態，不僅可以讓大腦適度伸展，也能達到休息放鬆的效果。

學習的項目可以是任何事，但建議選擇與工作沒有直接關聯、能在固定時間進行的活動。可以是武術、英語會話、烹飪、書法等，能讓人感受到樂趣且容易看到努力成果的活動。

我自己在工作之餘，也參與了一些學習課程。

這些課程包括高爾夫球、寬板滑水、英語會話等。過去，我還曾向一位堪稱日本馬賽塔羅牌界第一把交椅的朋友學習塔羅牌占卜。學完之後，我有時會用來當作轉換心情的方式，並相當樂在其中。

高爾夫球和寬板滑水雖然不同於一般的學習項目，但參與這些戶外活動時，我能夠完全忘卻工作並沉浸其中。

當工作遇到瓶頸時，透過這些活動，能夠暫時半強制地讓我忘掉工作上的煩惱，用完全不同的思維去學習新事物，這樣的切換方式，能讓我以全新的心情再度面對工作上的挑戰。

此外，當在工作以外的領域有特定目標並致力達成時，即使工作上遭遇到不順利或失敗，也不至於太過自我否定（如果只專注在職場上，一旦在唯一的工作領域遭遇失敗，就可能對自己產生強烈的否定感，而難以持續向前邁進）。

正因為工作不是你一個人的事，所以無法預知何時會產生什麼變化。

成為擅長多項技能的「二刀流」，讓自己更有自信吧。

處方 7

到書店選一本有感覺的書

一般來說，早晨是腦力活躍的時期，容易提升專注力，因此學習最好安排在早上進行（除了睡眠不足的早上）。

事實上，原本是夜貓子的我也轉變成晨型人，開始將各種活動安排在早上這個時段進行，確實感覺事情進展得格外順利。

不過，我大多會刻意選擇在夜晚閱讀書籍。

這背後有三個主要原因。

首先，大腦會在睡眠期間整理當天獲得的各種情報，並篩選出必要的資訊，所以在夜晚集中閱讀的資訊，會更容易被記憶下來。

其次，書籍具有療癒心靈、減輕壓力的作用，晚間閱讀可以適度緩解當天的壓力，讓你更容易進入夢鄉。優秀的睡眠品質是高水準表現的基礎，也是穩固記憶不可或缺的要素。非常值得刻意安排一段這樣的晚間閱讀時光。

更重要的是，靜靜坐下來仔細閱讀書籍，才能更加徹底地品味書中的內容。

我認為，如果想培養人才，沒有比透過書籍更理想的方式了。因為閱讀是一種主動行為，跟接受他人指點後採取行動的被動行為截然不同。

主動的行為，能讓人以較為積極的態度接受並理解書中內容，因此更容易產生改變。

只需要大約三四百元的代價，就能獲取他人的經驗及人生智慧、學習跨越時空的成功法則、了解在與自己相同或更加艱難的處境中，仍能堅定起身的經歷及典範、尋找到自己該做的事……書籍所能帶來的效益，往往是深遠且具多樣性的。

多接觸文字，可提升寫作及解讀能力，也能從書中獲得靈感的線索和人生指引。

世間學習工具眾多，但仍難以比擬書籍的高CP值。不少被稱作成功人士的人，都是因為遇到某本書，而讓人生產生了重大轉機。或者可以說，那些獲得成就的人，都會利用書籍來改變自己的人生。

實際上，我幾乎沒見過不看書的成功人士。即使有，也屬於極少數的例外。

更進一步說，被稱作成功人士的人，通常閱讀量驚人，而且涉獵範圍也相當廣泛。他們擁有廣闊的視野，以應對各種不同的事件。

閱讀書籍有很多好處，除了前面提到過的幾點，還能尋找問題的解決之道、提升寫作能力、從書中內容獲得靈感。

不過，如果都只閱讀同一位作者或相同主題的書籍，反而容易受到侷限。重點在於接觸各類不同的書籍。

如果不知道該讀些什麼或難以決定，建議你可以先前往書店一趟。

書店就像是提升人生際遇的珠寶盒，也是能提點你嶄新可能性的顧問。

首先，你可以走向特別感興趣的書架，慢慢瀏覽書名。當看到某些書名時，你可能會忽然停下視線。這或許是由於心中的課題或潛在興趣產生了反應，吸引了你的注意力。

奇妙的是，這似乎是每個人都曾經歷的現象（有些人表示，曾經看到完全不認識的作者出的書，在他們眼中散發出獨特的光芒）。

接下來，可以轉向稍微感興趣的書架，也同樣慢慢瀏覽書名。找到特別感興趣的書籍後，拿起來翻閱章節名稱、作者介紹、前言等項目，再決定是否購買。

倘若架上出現令你有點在意的目標，建議就直接伸出手來，實際翻閱書中的內容。

處方 8

制定實現夢想的具體步驟

實現目標除了熱忱之外，還需要有具體的計畫。

如果有想實現的目標，就來制定出一張設計圖吧，也就是「夢想實現計畫」。

設定理想的終點，並規劃出抵達這個終點所需的步驟。

這將成為實現夢想的計畫。

「夢想實現計畫」的制定方法如下。

首先要從夢想的起點開始，思考為了抵達終點需要做的事，並將它們拆解為各個步驟。

如果步驟太多，可能會在實現夢想之前就精疲力盡。

雖然在各個步驟之間，可能還會有更細微的小步驟，但整體架構應該要建立在五～七個步驟之間。

例如，假設我的夢想是開一家屬於自己的美髮沙龍，可能就會有以下的步驟：

◎後藤在高中畢業時，決定在未來開一家屬於自己的美髮沙龍。

起點　現在（剛高中畢業）

終點　創業並開始經營美髮沙龍

首先要整理出必要的知識、證照或執照等，以及所有需要做的事情，將絕對不能遺漏的事項安排在步驟中。

第一步　前往專校學習
第二步　通過國家考試，取得理美容師執照
第三步　開始實習
第四步　學習並掌握技術
第五步　為創業準備資金
終點　開店營業

以上的步驟，看起來非常清楚易懂吧？

值得一提的是，由於參加國家考試有一定的條件限制，所以可能需要在第一和第二步之間增加一些小步驟，讓大步驟更容易實現。

當然，在執行這些步驟的過程中，或許會遭遇到問題或困難，需要做的事情也可能增加。但只要按照這些步驟確實前進，就會逐漸有所進展。

實現任何夢想的過程，都可以拆解成清晰可見的步驟。

步驟化是簡化艱難過程的魔法，也是通往終點的指標。

假如省略步驟化的過程，只憑感覺向前進，可能永遠無法明確知道自己該做什麼，也沒有具體的目標，因此難以到達終點。

如果有希望實現的夢想和目標，那就立刻開始制定你的「夢想實現計畫」，思考步驟化的過程吧。

這會讓你明確了解該做的事項，並且逐步朝向夢想接近。

「夢想實現計畫」的制定方法

1 設定終點（最終步驟）。

2 設定起點（第 0 步）。

由於從今天開始，因此要將今天的狀態視作起點。

3 列出實現這個夢想所需的所有事項。

4 從列出的事項中，選出 3～5 個絕對必要的項目。

5 將 4 選出的項目依照需要的順序排列，將它們各自設定為步驟。

6 將 1、2 設定的起點和終點排列在最初和最後，完成。

（例） 結婚

第 0 步 現在 沒有男友 〇〇歲

第 1 步 努力自我提升

第 2 步 尋找邂逅的場所

第 3 步 確定目標對象

第 4 步 進行以結婚為前提的交往

第 5 步 訂婚

第 6 步 準備結婚（包括安排雙方父母見面等）

處方9

大膽幻想，提高實現動力

世界上所有的事物，無一例外，起初都只是某個人腦海中的幻想。以東京巨蛋來說，最初也是因為某人腦海中浮現出「想建造一個圓頂球場」的想法，後來由設計師具體設計出來，再交由建築家實現。這不僅限於建築物上，飛機、交通號誌、信用卡等，一切都始於某人的幻想。

我的公司是一棟全磚造建築，這也是因為我在將近三十歲時，腦海浮現一個幻想：「建自家辦公大樓時，要是能用全磚造就好了……」並且在三十二歲時實現了。同樣地，各位現在讀到的這本書，也源自於我的想法：「如果有這樣一本書，或許能幫到某人也說不定。」

要讓某個想法或幻想實際成形，需要一定的時間及努力。支撐這一切的，就是人們心中的熱忱。雖然聽起來似乎理所當然，但如果在幻想階段就缺乏期待感，也就不可能提升動力，可能會在實現之前就輕易放棄。

令人期待的美好幻想，能讓人懷抱高度熱忱，才得以堅持到最後，實際化作現實。

世界上一切事物，都始於對美好未來的期待與幻想。

請在夜晚營造出對未來的幻想與期待，心裡想著：「能不能這樣試試看？」、「那樣做一定很有趣。」諸如此類。這段寶貴的時間，將帶領你迎向一個美好的未來。

幻想是你塑造理想人生的重要藍圖。

所以請盡情滿懷期待，勇於投入幻想吧。

第6章

促進睡眠品質的七個處方

處方 1

決定明天會是美好的一天

人類的大腦很容易被欺騙。

即使是尚未發生的未來，如果我們先告訴自己「一定會一切順利」，並在心中描繪出成功的場景，即使只是想像中的成功經驗，大腦也會將它當作真實的體驗。

換句話說，假如一開始就決定明天會是「美好的一天」，那實際上成為美好一天的機率將大幅提升。

許多運動員將意象訓練納入日常的訓練行程，在進行訓練時，預想自己在比賽中將會有出色的表現，某種意義上也是欺騙大腦，增加在實際比賽中獲得成功的機會，這個效果也已經獲得了科學上的證實。

美國的麥克斯威爾・馬爾茨（Maxwell Maltz）博士在其著作《心理控制論》（*Psycho-Cybernetics*）中指出，大腦並不擅長區分「實際經驗」及腦海中鮮明描繪的「想像經驗」。無論是想像中或實際發生的經驗，大腦都會以相同的區域進行資訊處理。

一旦決定「明天會是美好的一天」，為了順利度過，大腦就會開始提前做準備。

同時，當我們將這句話實際說出口，心中的不安就會迅速消失。不安感消退之後，心情會變得輕鬆許多，更能讓人打起精神來。這可以說是一句極其有效的魔法咒語。

伴隨著這一句話，你的明天將會產生重大的改變。

處方2

提前感謝明天會面的對象

我每晚都會對隔天預計要見面的人表示感謝。

首先，我會回想起那個人的面孔，並微笑著說聲：「感謝我們有緣相遇。」

接下來，如果跟那個人已經開始合作，我會想著工作上的事，並感謝能有一起共事的機會。

如果是透過別人介紹認識的對象，我也會回想起對方的面孔，一同表達感謝。

自從開始實行這三項步驟，我在工作上順利到令人感到驚訝。在實際見面時，也比較能夠帶著溫和、友善的心情主動接觸對方。深深感受到不只是自己，對方也同樣對這樣的緣分感到欣喜。

透過提前感謝，能使未來的相遇成為一段「美好的邂逅」。

所有的溝通都像是一面鏡子。

沒有人會對那些樂意見到自己、感謝自己的人感到不悅或敵意。

如果你保持溫和、友善的態度，周遭的人也會以同樣的方式對待你。

對相遇表示感謝，能讓你意識到與對方見面，是多麼美好且值得珍惜的事，這會讓你對明天的見面充滿期待，感覺自己有幸能與對方見面。這麼一來，你心中的雜念、不安和負面情緒，就會被有效抑制住。

這個習慣，對自己和他人都能發揮相當大的效益。

處方
3

房間採用暖色系照明

人們容易受到視覺訊息的影響，進而影響判斷力。心理狀態也同樣容易受到影響。

事實上，已有研究結果顯示，居住環境會影響性格的變化。顏色對心理產生的影響，被稱作色彩效應。

如果你感覺自己的心靈或大腦沒有獲得充分的休息，很可能是因為房間被容易振奮心神的顏色所包圍。如果遇到類似的狀況，優先將房間環境調整成容易放鬆的休息模式，會是個不錯的選擇。

我的房間裡有一盞橘色的燈。以前用的是一般的日光燈，但某次看雜誌上寫到，房間燈光的顏色在療癒效果上有相當大的差異，就決定把燈光換成暖色系的橘色，結果房間成為了一個非常適合放鬆的空間。

從那時起，我的睡眠品質有了明顯的改善，能夠睡得更熟了。後來經過一些調查，我發現暖色系的燈光會讓人聯想到營火，喚醒人類古早的記憶，並促進褪黑激素的分泌。褪黑激素是一種能夠幫助入睡的重要荷爾蒙，不僅能帶來深層的睡眠，還能發揮抗衰老和預防癌症等多種對人體有益的功效。

只需要改變照明，就能徹底改變房間的作用。日常活動時使用日光燈，睡前一小時改成暖色系燈光，一個簡單的改變，就能達到顯著效果。

房間是努力奮鬥的你，能夠安心休息的地方，
也是支持你的良好睡眠，以及照顧自我的重要場所。
房間的環境，也反映了你的內心環境。

此外，我也在房間裝設了加濕器，並精心挑選適合自己的寢具。這些改變，讓我感覺睡眠品質似乎又更上一層樓。

特別是加濕器，在出差入住飯店時，我也會請櫃台的服務人員幫忙提前準備。

忙碌的生活中，我們時常容易忽略房間環境的重要性，只把它當成是一個睡覺的地方。

但如果環境不夠舒適，就可能會影響到休息的品質，連帶影響日常表現，讓自己陷入更繁忙的迴圈中。

只需要進行一些簡單的調整和改變，便能有效提升房間的環境，並且可能為你的整體表現帶來意想不到的正面影響。

處方 4

先深呼吸，再躺上床

有些時候，一整天會忙到連晚上都無法放慢步調、準備上床休息。許多人從大白天到晚上睡覺前，都不斷接收來自電腦和手機的資訊，使大腦處於高度活躍狀態。當交感神經過度活躍時，會比較容易難以入睡，這時候就需要刻意啟動副交感神經的開關。

具體的做法是，請緩慢、大口地深呼吸之後，再上床睡覺。

即使有緊急的工作需要處理，睡前必須一直盯著電腦螢幕，我也會有些誇張地大口深呼吸，以引導身體進入休息狀態。

深呼吸能夠協助啟動副交感神經，取代原本活躍的交感神經，使全身放鬆並進入休息的狀態。此外，深呼吸還能促進幸福荷爾蒙——血清素的分泌，有助於減少焦躁感並緩和心情。

這樣的狀態，正是身體預備進入睡眠前的標準狀態。

打造一個適合高品質睡眠的環境，是達到最佳表現的關鍵要素。

將雙唇微微閉合，緩慢從嘴巴吐氣，同時收緊腹部。

接下來，緩緩透過鼻子吸氣，使腹部鼓起。

重複這個過程三到五次，直到感覺身體進入放鬆狀態。

深呼吸不僅能引導人們進入高品質的睡眠，也有報告指出能夠預防動脈硬化或心肌梗塞等生活習慣病。

此外，由於深呼吸一次會吸入大量空氣，有促進活化細胞，增強免疫力的效果。工作上的緊張時刻，或是在公開場合進行演講前，深呼吸也能有效緩和緊張的情緒。

不只是在夜晚，深呼吸在各種場合下都是相當實用的工具。

處方 5

躺著進行三分鐘冥想

是否擁有良好的睡眠品質，會對隔天的表現產生極大的影響。麻煩的是，即使睡足了時數，也不代表一定睡得好。當你早上醒來，如果感覺心靈和頭腦神清氣爽，身體疲勞獲得充分舒緩，這才算獲得了優質、舒適的深度睡眠。

要得到舒適的深度睡眠，需要在睡前做一些準備。關鍵在於要讓心靈平靜下來。這需要放鬆身心，悠閒自在地度過睡前的一個小時。你可以選擇閱讀書籍、欣賞喜愛的照片、進行輕度伸展運動，刻意營造一段輕鬆的時光。

我特別推薦的是活用芳香療法。

從古至今，人們的心情都會強烈受到氣味的影響。在房間內使用線香或薰香，能發揮放鬆心情、提振精神的效果。

尤其是線香類產品，除了有安定心神和療癒的效果，還具有像酒或鹽巴一樣，能夠淨化房間的作用，可以保護空間，驅除邪氣和負面能量，讓內心回歸平靜安寧。

接下來要推薦的是，在睡前進行三分鐘的冥想。

為了順利進入夢鄉，首先要讓處於活躍狀態的大腦冷靜下來。冥想能幫助於大腦和心靈恢復平靜。

躺在床上，閉上雙眼，大大呼出一口氣。

此刻，你可以想像自己化身成精靈，在蓊郁的森林中自在穿梭、躺在陽光明朗的沙灘上，或是飄浮在美麗的星空下。

盡量不要去想今天發生了什麼，以及工作與現實生活中的事。

冥想是為了抑制腦部活動，以產生平靜的 θ 波，如果中途出現活絡腦部的想法，就會立刻失去效果。

因此如果不小心閃過其他的念頭，就要再度大口深呼吸，回到之前的想像。

透過冥想，會比較容易進入睡眠狀態，並且改善睡眠品質，有效提升隔天的表現。

心靈、身體與大腦，
只有在夜間才能得到充分的休息。

今晚就開始體驗冥想的奧妙吧。

處方6

睡覺時完全關閉燈光

晚上睡覺時，各位會把房間裡的燈全都關掉嗎？或是習慣開著燈入睡呢？

當我問到這個問題時，可能會聽到各種答案：「因為太黑會感到害怕又不安，所以平常都習慣開著燈睡。」、「有燈光我會睡不著，所以基本上會關到一片全黑。」、「我睡覺時會保留一點點燈光。」選擇可說是因人而異。

根據瑞士巴塞爾大學由約翰．布萊納德（John Brainard）博士所領導的研究團隊報告指出，長期在夜晚被光線照射，會對健康帶來許多不良影響。

考量到我們已經整天都暴露在人造光源之下，而且眼睛和大腦也不斷受到來自電腦和手機螢幕的刺激，再持續接受額外的負擔，似乎也不難想像這樣的後果。

以前因為靈異體質的關係，我特別怕黑，平常都會開著燈睡覺。然而，當我了解到在燈光下睡覺的負面影響之後，就開始在熄燈前念一段小咒語，這樣做之後，我發現自己更能夠放心地安穩入睡，並獲得深沉的良好睡眠。

關掉燈光，讓自己的身體感官進入休眠狀態，獲得完全放鬆的時間，才能兼顧優質的休息時光及生活品質。

如果能讓自己往更好的方向發展，
有時候用一點小手段來欺騙自己也無妨。

倘若全黑的環境讓你難以入睡，那就沒有必要勉強自己。不過，逐漸減少房間內的光線會是比較理想的做法。人類天生就是在夜晚休息，能進入深度睡眠，會明顯感覺到隔天起床時的狀態有很大的不同。

處方 7

帶著「今天也好好活著」的幸福感入眠

終於來到了這本書的最後一個篇章。

這裡將向大家介紹，我在日常生活中最重視的一個習慣。

各位今天度過了怎麼樣的一天？

在這世界上，有些人正賣命度日，不知何時會失去生命。我們都偶然誕生在和平的國度，能夠接受必要的教育，不必為日常飲食所苦。然而，這一切都不是理所當然的。正是因為我們的祖先與先人揮灑鮮血與汗水，才爭取到這個奇蹟般的環境。

只不過，當我們一旦習慣了這樣的環境，或是從懂事以來就處於在這樣的環境中，對物質和他人的感激之情就會逐漸淡薄。當然，就連我自己也不例外。因為只有當理所當然的事物開始崩塌時，我們才會意識到它的存在。

年輕時的我，誤以為只要自己努力就能得到任何事物。但隨著年齡逐漸增長和人生經驗的積累，我才意識到自己的想法是錯誤的。我逐漸認知到，我們不是單憑自己的力量生存在這個世界上。意識到我們是獲得前人創造的寶貴環境及庇佑，才能獲得生存的機會，而非單純靠自己的力量存活之後，我開始在睡前感謝自己一天份的生命與幸福。

我會這樣說出口：「今天能夠好好活著，我覺得很幸福。非常感謝。」

自從實行這個做法之後，我開始意識到每一天的重要性，並湧現感激之情，感覺潛力獲得了更大的提升。現在，當我躺在床上時，會深切感受到能夠平安度過一天，以及漸入夢鄉的幸福。

無論今天對你來說是怎麼樣的一天，能結束一天並平安入眠，本身就已經是一份奇蹟。

請衷心感謝這樣的奇蹟時刻，平靜入眠吧。願你能迎來一個美好的明天。

無論在什麼年紀，人都能夠導正自己的錯誤，也能在任何時候選擇展開挑戰。

祝願你的人生充滿幸福，謹以這句話做為本書的結尾。

「真的非常感謝各位，謝謝你。」

結語

感謝你閱讀到最後。

這本書是我之前的著作《晨型人的人生升級處方》的姊妹作。

當初接到邀約，談及是否考慮出版一本關於夜晚的書時，我確實感到有些躊躇。然而，現在的我雖是個不折不扣的晨型人，但年輕時期的我，卻是個極端的夜貓子，甚至被稱作「超夜行性動物」，因為不擅早起和低血壓，過著與現在完全相反的生活。

那時的我還年輕，充分利用了夜晚的時間，奮力打下人生的基礎，並且迅速成長茁壯。

回顧那段時光，確實有許多只有夜晚才能做到的事。

就像當時的我一樣，肯定有些人再怎麼樣努力也沒辦法早起，在夜晚這段時間特別活躍。既然如此，跟這些人分享如何利用晚上的時間，不也是我能做到的事嗎？想到這裡，我決定寫下這本書。

所有事物都建立在平衡之上。

如何迎接早晨固然重要，結束一整天的夜晚也同等珍貴。

為了迎接美好的明天，如何度過今天的夜晚是一大關鍵。

一個美好的夜晚，會讓明天迎來更美好的早晨，這樣的早晨將帶來美好的一天，當你度過美好的一天，隔天就將更加順利。

假如能善用這兩個時段，並實際融入日常生活，相信你的人生將會出現大幅的改變。

各位已經透過本書，學會了如何利用晚上的時間，以及掌握持續產出成果的技巧和心態。

接下來，就只剩下實踐了。

你不需要一次完成所有事情。請根據當天的心情和計畫，從能夠執行的項目開始嘗試。

我們的生活，來自每一天的累積。

今天這一天如何結束，將會決定明天的樣貌。

在我之前的著作《晨型人的人生升級處方》中，曾經提到：「掌握早晨的人，就能掌握人生。」

但更準確的說法應該是：

能最大限度活用夜晚的人，就能掌握早晨，掌握早晨的人，就能掌握人生。

為了打造美好的人生，請務必享受美好的夜晚，迎接光輝的早晨，並獲得充實的一天。

衷心希望你的人生，是一段無悔且美好的旅程。

最後，我要向一直給予本書支持的ＡＳＡ出版的所有工作人員，以及始終支持我的家人、公司同事和商業夥伴。在此打從心底表達我真摯的謝意。

「真的非常感謝各位，謝謝你。」

後藤 勇人

國家圖書館出版品預行編目 (CIP) 資料

人生升級的夜間習慣：45 個「吸引機會」的晚間管理技巧 / 後藤勇人著；林佑純譯. -- 初版. -- 新北市：幸福文化出版社出版：遠足文化事業股份有限公司發行，2024.08
192 面；14.8×21 公分. --（富能量；98）
ISBN 978-626-7427-25-5（平裝）

1.CST：成功法　2.CST：生活指導

177.2　　113002273

0HDC0098

人生升級的夜間習慣

45 個「吸引機會」的晚間管理技巧

作　　者：後藤勇人
譯　　者：林佑純

責任編輯：高佩琳
特約外編：林映華
封面設計：FE設計
內頁排版：顏麟驊

總 編 輯：林麗文
主　　編：林宥彤、高佩琳、賴秉薇、蕭歆儀
執行編輯：林靜莉
行銷總監：祝子慧
行銷企劃：林彥玲

出　　版：幸福文化 / 遠足文化事業股份有限公司
發　　行：遠足文化事業股份有限公司（讀書共和國出版集團）
地　　址：231 新北市新店區民權路 108-3 號 8 樓
電　　話：（02）2218-1417

郵撥帳號：19504465 遠足文化事業股份有限公司
客服信箱：service@bookrep.com.tw

法律顧問：華洋法律事務所 蘇文生律師
印　　製：呈靖彩藝有限公司

初版一刷：西元 2024 年 8 月
定　　價：360 元

ISBN：978-626-7427-25-5（平裝）
ISBN：978-626-7427-30-9（EPUB）
ISBN：978-626-7427-29-3（PDF）

BOOK REPUBLIC
讀書共和國出版集團